# Rompiendo los Límites

## Éxito en Ventas Telefónicas

**Joe y Dawn Pici**
con Guy Harris y Jean (JJ) Brun

Prólogo por Robert A. Rohm, PH.D.

**Rompiendo los Límites**
**Éxito en Ventas Telefónicas**
por Joe y Dawn Pici

Publicado con permiso de Personality Insights, Inc por:

Editorial RENUEVO
www.EditorialRenuevo.com
info@EditorialRenuevo.com

ISBN: 978-1-937094-69-0

*Dedicamos este libro al Dr. Robert A. Rohm y el equipo de Personality Insights quienes han dedicado sus vidas al fomento de la concientización y desarrollo de los demás.*

*«Qué lindo es que nadie necesita esperar ni un minuto, antes de empezar a mejorar al mundo.»*

*- Anne Frank*

*«No se trata de la técnica; se trata de la intención.»*

*- Joe Pici*

# Índice

# Prólogo

Desde 1992, he enseñado y dado charlas sobre las aplicaciones del **Modelo de Comportamiento Humano** DISC a tiempo completo. He asistido, presentado o participado en cientos y cientos de sesiones de entrenamiento y convenciones en todo el mundo. En estos eventos, he visto y escuchado a muchos oradores de todo origen y nivel de habilidad. Una vez (y solamente una vez) ofrecí ceder mi hora designada a otro conferencista. Ese conferencista era Joe Pici.

El día que hice esta oferta, Joe estaba dando una charla a un grupo grande de empresarios. Mientras hablaba, mostraba modos prácticos de usar el **Modelo de Comportamiento Humano** en un entorno de ventas. En un punto, pensé, «¡Caramba, qué bueno es! Creo que él sabe mejor que yo cómo aplicar esta información al mundo de ventas!» En verdad, así son de buenos Joe y su esposa, Dawn.

Poco después de esto, Joe y Dawn vinieron a Atlanta para tomar parte en una de nuestras clases de entrenamiento de certificación de Personality Insights. Conversamos y nos llegamos a conocer mejor. Durante nuestro diálogo, Joe me dijo que había desarrollado un programa de entrenamiento para ventas basado en el modelo DISC. Ya que lo había escuchado hablar, sabía que tenía ideas y una perspectiva maravillosas. Entonces, ofrecí trabajar con él para convertir su concepto en un libro.

Joe no es un hombre «de palabra». En más o menos un mes tuvimos en nuestra oficina para estudiar un borrador de su manuscrito. Vi que incluía conceptos muy buenos y pedí a dos de nuestros entrenadores maestros, Guy Harris y Jean Brun, trabajar en el proyecto con Joe y Dawn. Durante su trabajo conjunto en el manuscrito original, vieron que había tanta riqueza de contenido que se necesitaban dos libros para captar por completo el valor de las ideas de Joe y Dawn. **Rompiendo los Límites - Éxito en Ventas Telefónicas** representa la primera mitad de este esfuerzo cooperativo.

Me entusiasma pensar en cómo los conceptos de este libro le servirán en cuanto los aplique a sus esfuerzos de ventas. Me complace haber jugado un papel en llevar a este libro de concepto a realidad. Sé que ganará mayor entendimiento y perspectiva que lo ayudarán a alcanzar niveles más altos de éxito. Entonces lea, disfrute, aplique, y triunfe conmigo al **Rompiendo los Límites - Éxito en Ventas Telefónicas**.

¡Qué Dios los bendiga!

Robert **A. Rohm, Ph.D.**
Fundador y Presidente
Personality Insights, Inc.
Atlanta, Georgia

# Introducción

**Quiere usted...**

- ¿Concertar más reuniones con clientes nuevos?
- ¿Mejorar su índice de cierres?
- ¿Aumentar sus ingresos?
- ¿Crear más oportunidades en menos tiempo «en el camino»?
- ¿Aumentar su participación en el mercado?
- ¿Ayudar a los nuevos miembros de su grupo de ventas a ponerse al día?
- ¿Mejorar su retención de clientes?
- ¿Reducir la rotación de empleados?

Si contestó «Sí» a cualquiera de estas preguntas, este libro es para usted.

**Rompiendo los Límites - Éxito en Ventas Telefónicas** forma parte del sistema de **Rompiendo los Límites.** Este libro es más que una simple recopilación de ideas y técnicas. Es parte de un sistema. Con un sistema, uno puede alcanzar mejores resultados en menos tiempo de lo que jamás había creído posible. Los sistemas permiten a la gente ordinaria lograr resultados extraordinarios.

Lo que tiene entre manos no está basado en la teoría.

Representa más de setenta y cinco años combinados de experiencia, perspectiva, y sabiduría de los que puede partir para convertirse en un profesional de ventas muy logrado. Elaboramos este sistema en base a experiencia sólida en aplicar los principios básicos del comportamiento humano. Partiendo de esta experiencia, creamos un enfoque de sistema de ventas repetible y fundamentado en principios que uno puede aplicar para rápidamente lograr éxito en las ventas.

Ya que sabemos que su tiempo es valioso, hemos orientado, afinado, y depurado cada pensamiento en este libro (y el libro que lo sigue - **Rompiendo los Límites - Éxito en Ventas en Persona**) para ayudarlo a alcanzar más como profesional de ventas. Prometemos hacer valer cada página mientras lee sobre el sistema y cómo hacer que produzca resultados.

**Rompiendo los Límites - Éxito en Ventas Telefónicas** le impartirá la destreza, confianza, y las herramientas que mejoran su capacidad para conocer y conectarse con más gente nueva. Nos centramos específicamente en el uso del teléfono como herramienta de este proceso.

¿Por qué dedicar un libro entero al uso del teléfono como herramienta de ventas? Porque…

*…en realidad, muchos profesionales de ventas temen al teléfono.*

Ya que la mayoría de la gente no admite abiertamente este temor, no tenemos una manera confiable de medir a cuántas personas afecta. En nuestra experiencia, hemos encontrado que casi cada profesional de ventas admite tener cierto temor al teléfono. Durante la investigación para este libro, hablamos con un psicólogo que se especializa en ayudar a la gente a sobrellevar sus temores. Él calculó que la mayoría, si no todos los profesionales de ventas sufren por lo menos un temor, de leve a moderado, del teléfono. Si esta frase le describe a usted, **Rompiendo los Límites - Éxito en Ventas Telefónicas** lo ayudará a conquistar este temor.

Dawn Pici, una de nuestras mejores entrenadoras y maestra en ventas, relata esta experiencia:

Antes de aprender estos principios y prácticas, pensaba que era una profesional de ventas bastante buena. Sabía que estaba por encima del promedio en mi empresa, y mis ingresos eran básicamente constantes. Llegué a sentirme muy cómoda con mis clientes existentes, muchos de los cuales había heredado.

Esta conformidad con el statu quo me mantuvo a un nivel de éxito bueno pero no excelente. En realidad, no sabía cómo aumentar mis ventas. Luché por ampliar los pedidos de clientes existentes, y en verdad no disfrutaba de buscar negocios nuevos. Cuando sí buscaba nuevas oportunidades, fracasaba más de lo que triunfaba. Como resultado, a menudo evitaba el trabajo de expandir mi clientela porque parecía ser una pérdida de mi tiempo seguir tocando puertas o haciendo esas temidas llamadas en frío. En muchos aspectos, llegué a temer el teléfono.

Este pavor y frustración continuó hasta que aprendí a aplicar los principios descritos en Rompiendo los Límites - Éxito en Ventas Telefónicas.

Ahora, en mi trabajo con otros profesionales de ventas, me doy cuenta de que la mayoría de ellos siente igual. Prefieren servir a los clientes existentes sobre contactarse con clientes posibles, por su frustración, temor, o falta de confianza en el teléfono como herramienta de ventas. Veo también que en cuanto mi clientela crece y mejora su destreza con el teléfono, aumenta su nivel de ingresos.

Cada año, en busca de mejores rentas, las empresas contratan decenas de profesionales de ventas de gran talento. Estos profesionales tienen un potencial enorme. Pero si no conquistan el temor y frustración relacionados con el uso del teléfono, pueden - igual que yo - conformarse con gente que simplemente toma pedidos en lugar de expandirse para convertirse en gente que genera pedidos.

Es posible que usted sea como muchos de los clientes de entrenamiento de Joe y Dawn. Puede ser o un profesional de ventas individual o un gerente de ventas que trabaja con un grupo experimentado con muchos años en las ventas. Puede haber asistido a una de las mejores escuelas de administración de empresas del país. Quizás ha asistido a seminarios para aprender sobre los productos y servicios, métodos efectivos de presentación, y técnicas de cierre. Aun así, lucha por mejorar sus resultados.

Partiendo de este punto inicial, hemos identificado tres problemas claves que a menudo impiden a los profesionales de ventas en su búsqueda de éxito.

## Ideas Ilusorias

Las Ideas Ilusorias son ideas preconcebidas que uno tiene sobre las ventas, que limitarán su éxito. Por ejemplo, vemos que mucha gente trata de aplicar técnicas y enfoques que simplemente no producirán resultados. A menudo intentan estas técnicas porque realmente no se entienden ni a sí mismos ni a sus clientes. Llegue a ser estudiante de la gente - tanto de usted mismo como de los demás. Aprenda sobre lo que les impulsa, sus motivaciones, estilos de comunicación, y enfoques a la toma de decisiones. Aprenda a entender a la gente, y se podrá dominar a sí mismo. Domínese a sí mismo, y podrá derribar las Ideas Ilusorias que limitan su éxito.

# El Monstruo Malvado (el teléfono)

Aunque recomendamos el uso del teléfono como una herramienta para ahorrar tiempo y aprovechar los esfuerzos, a menudo nos topamos con resistencia por los profesionales de ventas. Dado el número elevado de profesionales de ventas que admiten temer al teléfono, esta resistencia no debe sorprenderle. Muchos profesionales de ventas ven al teléfono como un Monstruo Malvado - un aparato enorme, amenazante diseñado para hacerles mal - cuando lo deben ver como un Creador de Clientes. Entendemos el temor, por cuanto desarrollamos unas herramientas que le ayudarán a vencer al Monstruo Malvado.

## Lazos Fracturados (de confianza)

La gente compra de quienes conocen, les gustan, y en quienes confían. Una vez que uno supera las Ideas Ilusorias y el Monstruo Malvado, hay que formar una conexión con una persona.

He aquí el reto - usted quiere hablar con las personas responsables por las decisiones y ellos son personas muy ocupada. A menudo no tienen tiempo para hablar. Además, cuando uno se comunica con ellos, por lo general empiezan desde una actitud de poca confianza en base a sus experiencias pasadas con otros vendedores.

Usted sabe que les dará mejor servicio que los demás vendedores, pero ellos aún no están enterados de eso. Por lo tanto, entran a la primera conversación con usted desde una posición de lazos fracturados de confianza. Si emplea los principios de **Rompiendo los Límites - Éxito en Ventas Telefónicas**, podrá salvar esos Lazos Fracturados.

*Con **Rompiendo los Límites - Éxito en Ventas Telefónicas,** usted tiene un sistema que derrumbará estas barreras al éxito en las ventas.*

Hemos visto empresas que, al aplicar los principios que se explican en estas páginas, aumentaron sus ingresos y ganaron participación en el mercado mientras reducían el costo de los negocios nuevos. Decenas de cartas en nuestros archivos testifican al hecho de que los profesionales de ventas pueden duplicar o triplicar sus comisiones bajo este sistema.

Escribimos este libro partiendo de las siguientes expectativas iniciales:

1. Usted piensa juntarse con sus clientes en persona para presentar su producto o servicio.

2. Tiene un conocimiento práctico general del **Modelo del Comportamiento Humano** (en el **Anexo 2** incluimos una descripción breve de referencia). Recomendamos leer el recurso complementario **Descubra Su Verdadera Personalidad**, como parte de sus estudios sobre este tema. Usted puede adquirirlo en:

www.personalityinsights.com o con su consultor local.

Pues bien, empecemos para que usted pueda aprender a **Rompiendo los Límites - Éxito en Ventas Telefónicas.**

# Acerca de los Autores

## Joe Pici

**Entrenador Maestro de Ventas, Profesional de Ventas, Entrenador Ejecutivo, Especialista Certificado en Comportamiento Humano**
Joe ha logrado éxito nacional con su propia empresa de mercadotecnia como productor más alto del 25%, e imparte entrenamiento y capacitación en base al ciclo completo de ventas. Desde 1992 ha ayudado a los profesionales de ventas afilar sus habilidades tanto para crear citas como para cerrar las ventas.

La experiencia de Joe como entrenador deportivo a nivel universitario, junto con su certificación como Especialista en el Comportamiento Humano, potencia su enfoque directo, impactante y orientado hacia los resultados. En su trabajo tanto con organizaciones internacionales grandes, como con empresas pequeñas familiares, ha preparado y habilitado a miles de personas para que logren resultados mucho más allá de sus expectativas originales.

## Dawn Pici

**Entrenadora Maestra de Ventas, Profesional de Ventas, Entrenadora Ejecutiva, Especialista Certificada en Comportamiento Humano**
Una estratega comercial especializada en el área de la Dinámica de la Interacción, Dawn ha creado programas que mejoran la

eficacia, fomentan respeto mutuo y mejoran la comunicación en grupos, mientras reducen el conflicto en el sitio de trabajo.

Durante una carrera de veinte años en la música y educadora, enseñando a todo nivel desde kinder hasta la universidad, llegó a dominar las habilidades de comunicación y motivación. Después se cambió a ventas y mercadotecnia, llegando a ser una de las mejores productoras en volumen.

Actualmente, Dawn y Joe residen en el área de Orlando, Florida y tienen dos hijos.

*(www.piciandpici.com)*

# Guy Harris

**Especialista certificado de comportamiento humano, Entrenador maestro del Modelo de Comportamiento Humano, Experto en resolución de conflictos,**

Empresario, administrador ejecutivo de empresa, y oficial de submarina de la Marina de los EE.UU., Guy sabe lo que toma para trabajar con la gente. Empezó su carrera como ingeniero, entonces a menudo se describe a sí mismo como «ingeniero en recuperación». Hoy en día es entrenador, conferencista, y consultor y ha ayudado a miles de personas en toda América del Norte a comunicar más efectivamente mediante el entendimiento y la aplicación de los principios de la interacción humana.

Por el momento, Guy reside en el área de Indianapolis, Indiana con su esposa y dos hijas.

*(www.principledriven.com)*

# Jean (JJ) Brun

**Especialista certificado de comportamiento humano, Entrenador maestro del Modelo de Comportamiento Humano, Experto en análisis de síntomas de comportamiento**

Jean (JJ) Brun es un hombre motivado. Después de 20 años con las fuerzas armadas canadienses (de los cuales 15 eran en la rama de Inteligencia), fundó JJ Communications, una empresa de capacitación dedicada a informar e iluminar a la gente en el campo del comportamiento humano. A nivel global, los líderes y responsables por las decisiones han acudido a JJ para que les encamine hacia prácticas de comunicación más efectivas.

JJ reside actualmente en Gatineau, Québec, con su esposa y dos hijos.

*(www.jjcommunications.com)*

**1**

# Ideas Ilusorias

# Idea Ilusoria 1

## Los profesionales de ventas convencen a la gente a comprar.

«Un viaje de mil millas comienza con un simple paso.»

*- proverbio chino*

El reto más grande de las ventas es... vender.

Antes que nada, debemos corregir una impresión errada. Esa impresión errada proviene de la forma en que la mayoría de la gente percibe y aborda la profesión de ventas.

La mayoría de la gente entra al campo de las ventas con poco o ningún entendimiento de lo que realmente sucede en el proceso de las ventas. Notamos que mucha gente considera que el vender es cuestión de «convencer a los clientes a comprar productos o servicios». Esta idea crea dos enfoques comunes al entrenamiento de ventas:

1. Ganar un gran conocimiento de los productos, y

2. Aprender una cuántas frases claves que se deben utilizar al momento propicio para cerrar la venta.

## Este no es nuestro enfoque

Estamos de acuerdo en que los profesionales de ventas necesitan tener un gran conocimiento de los productos. También coincidimos en que el saber qué decir y cuándo decirlo puede mejorar dramáticamente sus resultados en las ventas. Aunque coincidimos en esos dos puntos básicos, discrepamos con la definición de ventas anterior, ya que sale de la perspectiva de la necesidad del profesional de ventas de cerrar el trato.

En lugar de centrarnos en cerrar el trato, nosotros partimos de otra perspectiva totalmente distinta.

Definimos las ventas así:

*El vender es buscar el modo de ayudar a los clientes a resolver un problema o cumplir una necesidad insatisfecha.*

Tenemos también un corolario de esta definición. Si su producto o servicio no resuelve un problema o cumple una necesidad insatisfecha de su cliente - retírese. Tenga integridad. No presione la venta. Concéntrese en resolver los problemas y satisfacer las necesidades, no en cerrar en trato.

*«El verdadero viaje de descubrimiento no consiste en buscar nuevos paisajes sino en tener nuevos ojos.»*

*- Epicteto (1er siglo A.D.)*

Idea Idónea 1 – El profesional de ventas ofrece a la gente una solución a un problema o un modo de cumplir una necesidad insatisfecha.

# Idea Ilusoria 2

## El conocimiento del producto y técnicas maravillosas cerrarán la venta.

Esto es producto de la Idea Ilusoria #1 (los profesionales de ventas convencen a la gente a comprar). Gracias a la Idea Ilusoria #1, se concentra mucho del entrenamiento y literatura de ventas sobre técnicas para «lograr que la gente compre», en lugar de centrarse en los factores humanos involucrados en el proceso de ventas.

Nuestro enfoque a las ventas no empezó con la mentalidad de «ofrecer a la gente una solución a un problema». De hecho, empezamos nuestros esfuerzos de venta de productos y servicios con la primera definición de «cerrar el trato». Llegamos a nuestra definición actual a través de mucha experiencia difícil y dura.

Veamos una de las primeras experiencias de ventas de Dawn:

Me acuerdo de mi primera charla de ventas. Tenía once años, y nuestra escuela hacía una campaña de venta de revistas. Para dar inicio a la campaña, nuestros maestros y los representantes de la empresa nos mostraron todo tipo de premio maravilloso para los diferentes niveles de logro. Me acuerdo que llegué a casa ese día con mi hoja de pedidos y folletos. ¡Estaba entusiasmada! ¡Conocía mi producto! ¡Sabía cuál premio quería! ¡Conocía mi meta de ventas!

Cuando llegué a casa después de clases, caminé a la casa vecina para hacer una venta. Todavía estaba entusiasmada ... y algo nerviosa. Toqué la puerta. Abrieron la puerta. Di mi charla de ventas. Dijeron que «no» (el hijo de ellos asistía a clases conmigo y nos les interesaba.) Mmm…mal candidato.

Me di cuenta, rápidamente, que en nuestro pueblo de ocho casas, todas tenían un niño en la escuela menos una. Enseguida corrí al otro lado del campo hacia esa casa. Llegué justo a tiempo para ver a Kay (una amiga de la escuela) salir con una gran sonrisa en la cara y dinero en la mano. Mmm…oportunidad perdida. (Mi primera lección en «quien duerme, pierde».)

Ahora me tocaba involucrar a mis padres. Necesitaba transporte para alcanzar territorios mejores. Para mi fortuna, mi papá tenía su propio negocio que estaba abierto de noche. Dijo que me podía establecer ahí y tratar de vender a sus clientes. Me acuerdo haber pensado algo por ahí de, «Buena ubicación. Mucho tráfico».

Como me había imaginado, hubo mucho tráfico peatonal en la empresa, y muchos clientes estaban dispuestos a escuchar mi charla de ventas. Lamentablemente, la mayoría también tenían hijos que asistían a mi escuela. (¿Tendría que viajar fuera del estado para ganar esta promoción?)

No se veía nada bien. Me sentía tanto decepcionada como desesperada. Probaba diferentes enfoques. Sin ningún entrenamiento formal de ventas, desarrollé mi propia versión de diferentes técnicas de cierre populares:

- El cierre de Cachorrito – «Sus hijos necesitan esta revista, Señor.»

- El cierre de Ben Franklin – «Veamos todas las cosas buenas que recibirá. No me imagino que en casa tenga cosas tan buenas.»

- El cierre del Pedido Abierto – «¿Para cuántas revistas le puedo apuntar?»

Trabajé duro, pero sin éxito. Estaba a punto de darme por vencida cuando llegó a la tienda un amigo de mi papá. Sabía tres cosas acerca de él:

- ya estaban grandes sus hijos - no participarían en la campaña de revistas;
- vivía muy lejos – era probable que nadie más le habría hablado; y
- era RICO – tenía dinero disponible.

Empecé mi charla y luego pedí la venta. Bueno, «pedí» no es en realidad la palabra correcta. «Rogué» sería una palabra más acertada. En verdad, la manera más precisa de describir lo que me ganó mi primera venta sería «ruegos con lágrimas».

Avancemos veinticinco años. Antes de entrar a las ventas corporativas, me inicié en las ventas directas. Pasé dos meses al comienzo de esta experiencia aprendiendo todo lo posible sobre mi línea de productos. Compré productos de muestra. Aprendí técnicas fascinantes para demostrar los productos.

Cuando llegó la hora de mi primera llamada de ventas, preparé mi maletín, armé una lista de llamadas y me alisté para salir de gira. Ya estaba lista para lo que consideraba ser «la parte divertida» - llamar a la gente para pedirles ver lo que yo vendía.

Primera llamada: «Mi esposo y yo recién nos conectamos con una empresa de ventas directas y...» CLIC. ¡Mi amiga me cerró el teléfono! ¡Qué grosera! ¡Qué trato, y yo que asistí a su fiesta de joyería!

Siguiente llamada: «¡Hola! Sabes, tengo unos productos maravillosos que te quiero enseñar. Mi esposo y yo recién nos conectamos con una empresa de ventas directas y...» «No gracias.» CLIC.

Después de pasar una tarde de llamadas todas iguales, empecé a darme cuenta que la asociación con una empresa de ventas directas tenía casi la misma recepción que la lepra. Lo que se me hizo realmente extraño en esta situación era que cualquier persona que probaba los productos de esta empresa los ADORABA. Lo que no querían era que yo viniera a VENDERLOS.

Por último – decepcionada, desesperada, y en lágrimas – llamé a mi mejor amiga. La rogué que por lo menos me permitiera enseñarla lo que estaba vendiendo. Aceptó.

Una vez más, los ruegos con lágrimas me ganaron la primera venta.

Con el tiempo Dawn se ganó renombre nacional como una de las productoras del 25% más alto de esa empresa de ventas directas (sin los ruegos y lágrimas). Aprendió mucho en el camino y, en el proceso, Dawn aprendió que tenía éxito cuando aprendió a aplicar la definición para las ventas que ahora usamos. Como resultado, ella y Joe han entrenado a decenas de miles de personas para ser profesionales de ventas eficaces.

A medida ganamos la experiencia que nos llevó a nuestra definición actual de ventas, aprendimos otro concepto clave:

*Las relaciones forman el fundamento de cualquier venta repetida, de largo plazo.*

Considere la historia de Dawn. Empezó su carrera de ventas obrando bajo la falsa impresión de que su conocimiento del producto o servicio y una excelente charla inducirían a sus clientes a comprar. Pensó inicialmente que, o los productos se venderían por sí mismos, o podría utilizar una buena técnica de cierre para «ganarse la venta».

*«(Si) el vender fuera cuestión de simplemente conocer su producto... usted serviría de catálogo o libro de referencia, proporcionando bajo demanda las respuestas correctas a preguntas técnicas. Una vez que el Sr. Candidato tenía toda la información, terminaría su trabajo. Por supuesto, de ninguna manera es así.»*

*- James R. Fisher Jr.*

Los productos maravillosos, presentaciones impecables, y comparaciones de precios le podrán ganar algunas ventas pequeñas. La memorización de técnicas de cierre le obtendrán unas pocas más. Sin embargo, en la profesión de ventas, para la cosecha grande hay que ir más allá de depender de que los productos se autovendan o depender de técnicas de cierre memorizadas.

Debe identificar formas en que su producto o servicio le puede ayudar a su cliente, y debe comunicarle este valor de manera efectiva. A medida va escuchando a sus clientes y forjando una buena relación profesional, mejor entenderá sus necesidades y deseos. Cuando realmente entiende sus necesidades, mejor las podrá satisfacer.

Sí recomendamos conocer su producto y aprender unas técnicas de cierre para usar según sea apropiado. De hecho, introduciremos unas técnicas potentes que recomendamos en este libro y en **Rompiendo los Límites - Éxito en Ventas en Persona**. Simplemente queremos recalcar que las técnicas apoyan su relación, no la sustituyen.

Sin un buen vínculo laboral, las técnicas se convierten en tácticas hábiles de manipulación para ganar la venta, en vez de herramientas para ayudar a su cliente a tomar una decisión sobre la resolución de su problema. Cuando esto sucede, uno aumenta la probabilidad de crear en el cliente una falta de satisfacción y arrepentimiento del comprador.

Comentaremos sobre esto más adelante, cuando tratamos el concepto de compenetrarse con su cliente, pero ahora consideremos un concepto clave en el que se basa cualquier relación (ya sea comercial o personal.) Las relaciones empiezan siempre con una conexión personal, y las conexiones personales empiezan siempre con la comunicación entre dos personas.

Por esto, si el proceso de ventas empieza con una conexión personal y la conexión personal empieza con la comunicación, entonces el proceso de ventas depende de una comunicación clara y efectiva. A lo largo de nuestra descripción del sistema **Rompiendo los Límites**, nos concentraremos siempre en las destrezas efectivas de comunicación. Tanto las llamadas telefónicas como las reuniones de cara a cara dependen en gran parte de las buenas destrezas de comunicación.

Mientras estudia los principios que presentamos, recuerde que en cada comunicación se incorporan estos seis componentes claves:

1. Lo que usted cree haber dicho

2. Lo que realmente dijo

3. Lo que la otra persona escuchó

4. Lo que usted cree que la otra persona escuchó

5. Lo que la otra persona piensa acerca de lo que usted dijo

6. Lo que usted cree que la otra persona piensa acerca de lo que usted dijo

Nuestro amigo y colega, Jean Brun, (conocido también como JJ) tiene una historia que ilustra la importancia de entender este punto:

Como miembro de una fuerza militar multinacional que servía en un ámbito extranjero de operaciones, aprendí rápidamente el valor de la comunicación clara y precisa. Aprendí también que la idea que queremos comunicar, y lo que pensamos haber dicho no siempre es lo que la otra persona escuchó, o entendió, cuando lo dijimos.

Esta fuerza multinacional tenía representantes de varios países, y usamos «inglés» como el idioma común funcional. Aunque en teoría todos hablamos el mismo idioma, sin duda experimentamos unos retos en la comunicación. Muy temprano en mi período de servicio, me di cuenta que mi «inglés» franco-canadiense era muy diferente al «inglés» que hablaban los integrantes británicos, españoles, alemanes, belgas, holandeses y americanos. Como solía decir uno de mis comandantes:

«Yo sé que usted cree haber entendido lo que acabo de decir, pero no estoy realmente seguro de que lo que usted piensa es lo que yo buscaba que entendiera... ¿me entiende?»

Mientras operaba dentro de este ambiente hostil, aprendí muy pronto a no hacer suposiciones sobre lo que realmente había comunicado a la gente, y a su vez, lo que ellos me querían comunicar a mí. **Como resultado, aprendí el valor de hacer preguntas para confirmar y aclarar el significado deseado en lugar de suponer que la gente me había entendido a mí, o yo a ellos.**

En base a esta experiencia formulé la siguiente afirmación, que utilizo en mis talleres de Comunicar con Entendimiento:

**La comunicación es sencilla, ¡pero no es fácil!**

El convertirse en un gran vendedor le obliga convertirse en un gran comunicador. A medida trabaja con los clientes y clientes posibles, acuérdese de lo que dijo JJ:

**La comunicación es sencilla, ¡pero no es fácil!**

Con la aplicación del sistema de **Rompiendo los Límites**, puede dominar los seis componentes de la comunicación fenomenal a fin de convertirse en el comunicador y vendedor que desea ser.

A la larga, su capacidad de comunicar valor a sus clientes y de identificar maneras en que puede resolver sus problemas nacerá de su conexión con ellos y no de una técnica de cierre.

*«Las relaciones personales son el suelo fértil del cual crece cualquier otro avance, cualquier éxito, cualquier logro en la vida real.»*

*- Ben Stein*

Idea Idónea 2 - Una gran conexión con su cliente logrará cerrar más ventas

# Idea Ilusoria 3

**Existe un método «mágico» que da resultados a cualquier vendedor con cualquier cliente.**

Recuerde esto – es la gente, no las empresas, que compra bienes y servicios. Cada intercambio de dinero en efectivo, pago por cheque, transacción de tarjeta de crédito, y orden de compra origina con una persona que toma la decisión de comprar. Este hecho simple explica el porqué basamos el sistema de **Rompiendo los Límites** en los principios del comportamiento humano y la dinámica de las relaciones. La gente toma la decisión de comprar, y la decisión de comprar es la meta deseada de cada esfuerzo de ventas.

Ya que las relaciones impulsan las ventas, detrás del éxito en las ventas está el desarrollo de la capacidad para rápida y efectivamente formar relaciones positivas. La capacidad para entender a la gente - sus motivaciones, frustraciones, necesidades y deseos – fomenta el proceso de formar relaciones positivas. Ya que estos impulsores salen del interior de la persona, no se pueden observar en directo. Aunque no vemos los impulsores internos, sí vemos los comportamientos externos. Sabemos del estudio del comportamiento humano que los comportamientos externos empiezan con uno de esos impulsores internos.

Entonces, podemos aplicar una observación detenida al comportamiento para formar una estimación razonada de los impulsores internos. Para facilitar este entrenamiento, empleamos el **Modelo de Comportamiento Humano** DISC.

Suponemos que usted tiene por lo menos un conocimiento básico del **Modelo de Comportamiento Humano** DISC. Incluimos un anexo (Anexo 2) que describe este modelo para que lo utilice como referencia o como punto de partida, si no ha estudiado el modelo antes. Sugerimos leer también algún otro libro del Dr. Rohm en que se describe el modelo en más detalle *(Tú Tienes Estilo, Descubra tu Verdadera Personalidad)*.

Aunque no recomendamos tratar de usar el modelo para sobre analizar una persona o entrar en algún tipo de psicoanálisis profundo, sí recomendamos desarrollar un buen conocimiento práctico de lo que suele impulsar el comportamiento humano. Con este conocimiento práctico, entenderá mejor qué es lo usted puede hacer sin intención que envía señales a sus clientes, lo que podría motivar a su cliente a avanzar hacia una decisión de compra, y cómo puede modificar sus propios comportamientos (de palabra y de acción) para mejorar la conexión que forma con sus clientes.

Para ilustrar este punto, veamos una experiencia que tuvo como padre el Dr. Robert Rohm, nuestro experto en este tema:

Mi hija mayor, Rachael, siempre ha sido diferente a las otras tres. De niñas, mis otras tres hijas - Esther, Elizabeth, y Susanna – siempre se mostraban alegres y divertidas. Rachael era seria y exigente. De hecho, era más difícil trabajar con ella que con mis otras tres hijas combinadas. Yo pensaba que ella era la persona más difícil del mundo.

Cuando Rachael tenía doce años, un amigo mío iba de paso por donde vivíamos, y vino a visitar. Durante nuestra conversación, le comenté, «Estoy muy preocupado por Rachael».

Preguntó, «¿Qué le pasa?»

Dije, «No lo sé».

Como ve, yo tenía un problema, pero no sabía qué era. Por eso, no sabía cómo resolverlo. De hecho, ni siquiera sabía por dónde empezar.

Esa noche mi amigo dijo, «¿Alguna vez le has hecho una evaluación de perfil de personalidad?» Le pregunté, «¿Y eso qué es? Jamás he oído de eso».

Me dijo, «Es una evaluación en la que una persona responde a preguntas sobre sus gustos y disgustos. Le da una idea de cómo percibe el mundo. ¿Me permite hacerle una evaluación a ella?» Bueno, quería entender mejor a mi hija, entonces dije, «Claro que sí».

Evaluó a Rachael y calculó la puntuación. Luego me mostró los resultados. Nunca antes había visto algo semejante. Me dijo, «¡Caramba! Ella es una **D** muy **alta**».

Pregunté, «¿Y eso que significa?»

«Pues: dominante, directa, exigente, dictatorial, decisiva, y dinámica,» explicó.

Asombrado, respondí, «¡Estás completamente en lo cierto! ¿Cómo lo sabías?»

Dijo, «Es la puntuación que sacó en su perfil. Dime, ¿te da ella problemas cuando es hora de dormir?»

Nuevamente, me asombré al ver cuánto entendía. Dije, «Sí, la verdad es que sí».

Dijo él, «Me da curiosidad por saber una cosa. ¿Qué le dices a ella cuando es hora de dormir?»

Contesté, «Le digo, "Rachael, tienes que estar en cama a las diez de la noche."»

Él me miró incrédulo y dijo, «¿Eso es lo que le dices?»

Contesté, «Sí. ¿Qué tiene de malo?»

Dijo, «Cuando dices eso a una persona **D**, puede ser eso lo que tú le dices, pero no es lo que ella oye. Lo que ella oye es, "¿Quieres pelear?"»

Dije, «¿Cómo sacas "¿Quieres pelear?" de, "Tienes que estar en cama a las diez de la noche"?»

Dijo él, «Es que no entiendes a las personas del tipo **D**. Quieren control y opciones. Les gusta mandar. Ya ves, tienes que aprender a decir la misma cosa de otra manera. Cuando tú dices, "Tienes que estar en cama a las diez de la noche," a ella le suena prepotente y agresivo, entonces no responde bien.»

En ese momento, pensé, «Esto es tanto interesante como frustrante. A Rachael la he conocido por doce años. Él la ha conocido por doce minutos, y ¡sabe más acerca de ella que yo!»

La siguiente noche, cambié de táctica con Rachael. Dije, «Rachael, esta noche te puedes acostarte a la hora que quieras. Tienes control total. El límite es las diez de la noche.» Mientras salían las palabras de mi boca, pensaba, «Esto jamás funcionará.»

Cuál fue mi sorpresa, justo antes de las diez de la noche fue a su dormitorio, cerró la puerta y se acostó a dormir. Dije la misma cosa de otra manera, y en vez de luchar contra mí, cooperó conmigo.

En esta historia, el Dr. Rohm tuvo que «vender» a su hija, Rachael, la idea de acostarse a las diez de la noche. Antes de entender lo que a ella le motivaba, él experimentaba conflicto, estrés, y pocos resultados. Cuando aprendió a hablarle de una manera que conectaba con los deseos de ella, tuvo resultados fenomenales. Con un pequeño cambio en su enfoque, «vendió» a Rachael la idea de que estar en cama a la hora debida era algo positivo.

En los veinte y tantos años desde que sucedió esto, el Dr. Rohm ha llegado a ser un experto de renombre mundial sobre el tema. Usted también puede, al igual que el Dr. Rohm, aprender a «leer» las características del comportamiento. Una vez que desarrolla esta habilidad, en cuestión de minutos puede conocer a una persona mejor de lo que podría en meses si no tuviera ese entendimiento.

Con el sistema de **Rompiendo los Límites**, hemos diseñado un proceso de paso-por-paso que puede usar para aplicar el **Modelo de Comportamiento Humano** al proceso de las ventas. Este sistema le llevará de su nivel actual de habilidades de venta (aun si implica lágrimas) a uno de confianza y rendimiento mejorado.

La aplicación con éxito de los principios y prácticas del sistema **Rompiendo los Límites** empieza con un entendimiento de su propio estilo de personalidad. No cada enfoque funciona para cada vendedor. Todos hemos leído excelentes libros de ventas que fomentan enfoques que sólo podría aplicar efectivamente el autor o alguien como él (o ella). Por eso, le recomendamos convertirse en estudiante del comportamiento humano y usarse a sí mismo como su primer sujeto de estudio. Con este auto conocimiento de base, uno puede entonces emplear los principios de este libro para modificar las técnicas que correspondan con usted y su propia situación.

La mayoría de la gente puede reconocer las diferencias de estilo de comunicación entre las gente - verbal (selección de palabras), no verbal (lenguaje corporal), y vocal (tonos de voz e inflexión). A menudo las pistas no verbales y vocales comunican mucho más que sus palabras. Como resultado, cuando usa un enfoque que no encaja con su estilo de personalidad, puede producir inconsecuencia entre sus palabras, sus tonos vocales, y su lenguaje corporal. Muchas veces su cliente percibirá, o sentirá, esta falta de consecuencia.

Si esto sucede, corre el riesgo de romper su conexión con ellos o, aún peor, de dañar su confianza. No recomendamos esconderse tras de su estilo de personalidad, más bien sugerimos utilizar sus fuerzas para el mayor beneficio en lugar de hacerse alguien que no es.

Para ilustrar este punto, ofrecemos una historia de la experiencia de Guy:

A principios de mi carrera como conferencista y entrenador, había oído que los oradores efectivos usaban el humor para conectar con su público. Ya que soy un tipo **C** alto (Cauteloso, Calculador y Cuidadoso) por nacimiento y un ingeniero por entrenamiento, realmente no sabía cómo usar el humor de manera efectiva.

El único modelo mental que tenía del humor en una charla venía de observar al Dr. Rohm. Cuando él habla ante un público, su naturaleza I-alto (Inspirador, Interesante, e Impresionante) sale a lucir y capta al público. Entonces traté de usar el humor de la misma manera que el Dr. Rohm. Al principio, imitaba su lenguaje corporal y tonos vocales en mis presentaciones. Dentro de poco, me di cuenta que la gente pensaba que él era cómico cuando hacía lo que hace y que a mí me percibían como algo ridículo cuando hacía las mismas cosas.

Los comportamientos de un I-alto provenientes de un **C**-alto, simplemente no dan buen resultado. No importa qué haga, no me veo natural y relajado cuando trato de «ponerme» el estilo de otra persona.

Pronto aprendí que no «hago» bien el estilo del Dr. Rohm, pero sí «hago» el estilo de Guy con excelencia. Como resultado, tuve que aprender a imitar la idea tras de lo que hacía el Dr. Rohm, en vez de tratar de imitar el comportamiento. Cuando empecé a entender los principios del humor en lugar de tratar de memorizar una técnica, encontré un enfoque que funciona bien para mí.

Al igual que con el enfoque de presentación de Guy, pueden percibirse los enfoques de ventas de la misma manera. Un enfoque que parece ser relajado, natural e interesado para una persona, puede parecer formal, forzado y manipulativo para otro. Le recomendamos aprender tanto los principios como las prácticas del sistema **Rompiendo los Límites**. Recomendamos además centrarse en la idea, o principio, tras la práctica, más que en la memorización de palabras. Las palabras le pueden guiar cuando empieza, pero no las deja limitar su creatividad.

Idea Idónea 3 – Cuando aprende a controlar su estilo de personalidad, conectará mejor con sus clientes y cerrará más ventas.

2

# Logrando lo mejor de usted mismo

## Logrando lo mejor de usted mismo

Su búsqueda de destrezas extraordinarias de ventas empieza con usted: sus necesidades, sus temores y sus motivaciones. Cada persona en este planeta necesita que se cumplan sus necesidades. Como profesional de ventas, usted no es ninguna excepción. El concepto que han aprendido Joe y Dawn durante sus años de ayudar a los vendedores a mejorar su índice de cierre:

• Su deseo interno de que se cumplan sus necesidades genera sus comportamientos.

• Sus comportamientos envían mensajes a sus clientes.

• Sus clientes responden a todos los mensajes que usted envía: verbales, vocales, y no-verbales.

Aun si perciben los mensajes sólo de modo subconsciente y no le pueden decir a uno lo que detectan de usted, la percepción que tienen sobre lo que usted comunica sigue siendo impulsor de sus comportamientos. Cuando sus comportamientos comunican que le falta sinceridad, o que obra para cumplir sus propias necesidades, ahuyenta a los posibles clientes. Cuando sienten que uno obra para cumplir las necesidades de ellos, suelen confiarle más y sentir una conexión más estrecha (por lo menos en un sentido comercial) con usted. La confianza y conexión que resultan le producirán más ventas.

Muchos entrenadores, cuando hablan de cumplir las necesidades en el proceso de ventas, se refieren por lo general a las necesidades del cliente y de buscar modos de cumplirlas. Coincidimos en que las ventas dependen de su capacidad de satisfacer las necesidades de su cliente. Además, hemos aprendido otro punto crítico que muchas veces pasa desapercibido en los programas de entrenamiento de ventas.

*Su capacidad de satisfacer las necesidades de su cliente depende de su capacidad de sacar el mejor provecho de sus fuerzas y minimizar el impacto negativo de sus puntos ciegos.*

Cuando reconoce sus propias necesidades e impulsores y cómo puede o ayudar o dificultar rendimiento, puede hacer las adaptaciones a su comportamiento necesarias para realmente conectarse con sus clientes.

En los capítulos que siguen, estudiaremos en más detalle «lo que le da cuerda», para que pueda aprender a reconocer cuándo empiezan estos impulsores a empujarle hacia comportamientos descontrolados. Los comportamientos descontrolados perjudican su capacidad para conectar con sus clientes.

*«Cuando se encuentra en un hoyo, deje de cavar.»*

*- Ian McIver*

## Bajo control vs. Descontrolado

Cada estilo de personalidad tiene fuerzas únicas que hacen posible el triunfo en las ventas. Estas fuerzas hacen que cada estilo de personalidad sea uno bueno. Lamentablemente, se pueden llevar las fuerzas a un extremo y entonces se convierten en puntos ciegos.

Ha de notar que, por lo general, usamos la frase «punto ciego» en lugar de «debilidad» cuando hablamos de los estilos de personalidad. Hemos visto que la palabra «debilidad» puede sonar negativo. Puede insinuar que uno no puede mejorar en esa área específica. Simplemente, un área ciega es, un área en la que necesita un poco de ayuda para «ver».

Guy describe la diferencia entre una debilidad y un punto ciego como sigue:

Considere un carro que tiene una velocidad máxima de diseño de 100 millas por hora. Este carro sería fantástico para manejar en las carreteras interestatales a 70 millas por hora, pero sería peligroso manejarlo en un evento de NASCAR donde las velocidades calificadas pueden ser de entre 150 y 190 millas por hora. La velocidad máxima de este carro sería una debilidad que no podría uno superar sin un cambio importante de diseño (nuevo motor, transmisión, suspensión, etc.)

En este mismo carro, como en cualquier otro carro, hay ciertas áreas donde el chofer no puede ver sin espejos. Estas áreas serían los puntos ciegos del chofer. Por ejemplo, cuando está mirando hacia adelante, el chofer no puede ver por la ventana de atrás del carro. Al contrario a la debilidad, la velocidad máxima del carro, sí se puede corregir el punto ciego con una adaptación pequeña de diseño – poner unos espejos. Los espejos no quitan el punto ciego - el chofer todavía tiene que tomar acción para mirar a esa área - pero el ajuste es menor comparado con los cambios necesarios para superar la debilidad del carro.

En nuestra experiencia, la gente puede escuchar o ver la palabra «debilidad» y luego perder la esperanza de que puedan mejorar en esa área. Esta observación sale de años de trabajar con miles de personas en la enseñanza de estos conceptos. De hecho, hasta puede ver usarse la palabra

«debilidad» en materiales de Personality Insights publicados hace varios años. Al igual que usted, seguimos aprendiendo y desarrollando.

Simplemente para asegurarnos de que sea claro, reiteramos la diferencia. Uno puede compensar un punto ciego con unos ajustes menores. Las debilidades requieren de un «rediseño» importante.

Por ejemplo, en el círculo de estilos de personalidad la perspectiva del tipo **D**-alto está al lado opuesto de la perspectiva del tipo **S**-alto.

Para una persona de características **D**-alto, no será difícil ver las situaciones desde una perspectiva **DOMINANTE** ya que es como, por naturaleza, ven casi todo. Sin embargo, les puede presentar una lucha ver las cosas desde una perspectiva **SERVICIAL**. Es decir, suelen sentirse cómodos cuando mandan e incómodos cuando juegan un papel auxiliar. En sí, esta perspectiva no es ni buena ni mala. Sin embargo, se puede llevar a un extremo.

Bajo control, el vendedor tipo **D**-alto a menudo se siente cómodo en la negociación y cuando cierre la venta. Ambas partes del proceso de ventas producen resultados, y con frecuencia los del estilo **D**-alto son motivados por los resultados. El vendedor **D**-alto descontrolado puede volverse prepotente o agresivo con los clientes en lugar de tratar de cerrar la venta y proceder al siguiente. Puede serles incómodo bajar el ritmo y dar a su cliente el tiempo para tomar una decisión sin presión.

Joe tiene una excelente historia que ilustra este punto:

Una vez fui con Bob, un **D**-alto, para hacer una visita de ventas. Bob iba a visitar a Frank, un **S**-alto, para presentarle una nueva línea de productos para su consideración. Bob necesitaba una venta más para calificar para un concurso de ventas que auspiciaba su empresa. La visita de ventas se realizó el último día del mes, y el plazo de calificación para el concurso cerraba al final de ese día hábil.

Durante la presentación, Bob usó tonos de voz mesurados y un ritmo más bajo para conectar bien con Frank. Mientras presentaba a Frank la nueva línea de productos, empleó preguntas excelentes como, «¿Cómo le puedo ayudar?» y «¿Qué es lo que haría más fácil su vida?» Mientras estaba en control de la presentación, Bob conectó muy bien con Frank.

Después de que Bob terminó su presentación, Frank se acomodó y reflejó por un momento. Entonces dijo, «No conozco bien este tipo de producto. ¿Me puede ayudar a entender cómo es que funciona?»

Bob se inclinó hacia él, levantó la voz, y dijo, «¿No entiende cómo se puede usar este producto para lograr resultados excelentes?»

Frank se veía sorprendido ante la intensidad aumentada de Bob, y se apartó un poco de la mesa. Se sentó en silencio un momento. Luego dijo, «Sigo sin conocer a este producto. No entiendo cómo funcionaría.»

Bob, impacientándose con su cliente, dijo, «Confíeme. Esto es lo que ha estado buscando.» Frank dijo, «Me gusta lo que usted me ofrece. Simplemente necesito un tiempo para considerarlo. ¿Me puede dar un poco de tiempo?» Bob estaba ya notablemente agitado. Dijo, «¿Cuánto tiempo necesita? ¿Podemos cerrar esto hoy?»

Frank no estaba dispuesto a cerrar el trato ese día ni, en realidad, ningún otro día. Ya no quería tratar con Bob. Frank aceptó otra reunión con Bob, pero al día siguiente la canceló. Bob nunca volvió a reunirse con Frank.

Yo no sé todo lo que pasaba por la mente de Bob durante esta discusión, pero pareció cambiar de una actitud de servicio y apoyo a una actitud dominante y controlador en un abrir y cerrar de ojos. Era como que respondía a su deseo de cerrar la venta para las 4:00 p.m. en vez de a las preguntas y dudas de su cliente. Por seguro, Frank pidió ayuda de un modo S-alto. Básicamente preguntó, «¿CÓMO es que funciona?» Bob respondió con la intensidad y lenguaje de un D-alto. Dijo, «¡ESTO ES lo que puede lograr!» Bajo la presión del momento, se olvidó de su cliente, y exigió resultados.

Mientras Bob tenía control de la situación - cuando él estaba hablando - demostró gran control personal. En cuanto pasó el control a Frank, Bob empezó a sentir la presión de cerrar la venta dentro de cierto tiempo, por cuanto revirtió a sus comportamientos naturales. Por desfortuna, no sólo destruyó la conexión, sino que hasta irritó a su cliente. Dejó que su respuesta natural saliera de control, y perdió la venta. Ya que irritó a Frank, hizo aún más que eso. También perdió la oportunidad para cualquier venta futura.

Llamamos a las reacciones extremas, como la de Bob, «comportamientos descontrolados». Cuando usamos la expresión «descontrolado», nos referimos a comportamiento que surge de una respuesta natural, o subconsciente, y no una que es controlada, o consciente. Los comportamientos descontrolados suelen surgir cuando una situación desencadena temores o frustraciones. Cada estilo de personalidad conlleva un conjunto de temores y frustraciones. Desencadenados, estos temores y frustraciones crean estrés y presión que pueden manifestarse en reacciones negativas.

Note que en referencia a los comportamientos descontrolados, usamos la palabra reacciones y no respuestas. Un entendimiento de la diferencia entre estas dos palabras facilitará su entendimiento de cómo convertirse en lo mejor de sí. Para nuestros fines, las reacciones son palabras o acciones que le son automáticas. Suceden sin que los piensen conscientemente. Las reacciones surgen de su modo más natural de actuar, y por lo general se presentan cuando está bajo presión. Por otro lado, las respuestas son palabras o acciones de las cuales uno piensa antes de elegir actuar.

Puede ver la diferencia entre estas palabras si observa la forma en que actúan las máquinas de juego de paletas (pinball). La bola plateada reacciona a la presión que le ponen las paletas. Como resultado, rebota entre los objetos en el tablero del juego y va hacia donde ellos le dirigen. Las paletas están bajo el control de una persona que responde intencionalmente a los movimientos de la bola para dirigirla hacia los objetos con más alto valor de puntuación.

Lo mejor de sí, es usted cuando está bajo control. Cuando uno es su ser mejor, usa sabiduría y discernimiento para escoger las palabras y comportamientos más apropiados para dada situación. Actúa para proteger el bien de todas las partes involucradas. En la vida, usted puede convertirse en lo mejor de sí cuando elige una respuesta para producir el máximo valor en cualquier situación.

*«El enojo es un modo de decir, "Vean mis necesidades". Es por eso que se expresa cuando una persona se siente ignorado, rebajado, o poco apreciado por otra persona (o personas).»*

*- Les Carter, Obtenga lo mejor de su enojo*

**3**

# Consejos Generales para Cada Profesional de Ventas

Joe y Dawn Pici

# Consejos Generales para Cada Profesional de Ventas

A medida que lee la sección que sigue, notará que la basamos sobre la descripción breve de los cuatro estilos básicos de personalidad que se incluye en el Anexo 2.

*Recuerde: Usted reune una mezcla de todos cuatro estilos de personalidad*

Se ha de identificar mejor con las características de una de las descripciones de tipo. Ya que usted es una mezcla de todos cuatro estilos, es posible que también reconozca partes de su estilo de personalidad en uno o dos de las otras descripciones de tipo. Es probable que se identifique menos con las demás descripciones de tipo. Esto es totalmente normal.

Le recomendamos centrarse inicialmente en la elaboración de un plan de crecimiento basado en su estilo principal de personalidad. A medida aprende a usar las fuerzas y compensar por los puntos ciegos de su estilo principal, puede entonces centrarse en otros aspectos de su mezcla única de estilos.

Es posible formar una imagen bastante precisa de su mezcla básica de estilos de personalidad con simplemente leer las siguientes secciones y buscar las frases y perspectivas que encajan con su perspectiva natural. Para una idea más completa de su mezcla única de estilos, le recomendamos completar una evaluación de perfil de personalidad.

Con los resultados en mano de una evaluación de perfil de personalidad, puede trabajar con un mentor hábil para la aplicación de esta información a fin de sacar el máximo beneficio de este estudio. Si no tiene un mentor hábil para la aplicación de esta información, le recomendamos pedir una Informe de DISCubrimiento personalizado. Este informe identificará con gran precisión cómo opera su mezcla en la vida y en los negocios. Revelará sus fuerzas naturales y también sacará a luz las luchas que puede enfrentar para adaptar su estilo. El informe incluye sugerencias concretas para crear un plan de acción que lo ayudará a lograr un éxito mayor. El **Informe de Descubrimiento** es útil cuando trabaja con un mentor, pero llega a ser aún más valioso si no cuenta en su vida con esta persona.

Para pedir su Informe de Descubrimiento puede comunicarse con la persona que le dio este libro o ir al sitio Web de Personality Insights (www.personalityinsights.com).

| Extrovertido – Orientado hacia las Tareas | Extrovertido – Orientado hacia la Gente |
|---|---|
| Dominante<br>Directo<br>Exigente<br>Decisivo<br>Determinado<br>Dinámico | Inspirador<br>Influenciador<br>Impresionable<br>Interesado en la gente<br>Interactivo<br>Impresionante |
| Cauteloso<br>Calculador<br>Competente<br>Concienzudo<br>Contemplativo<br>Cuidadoso | Servicial<br>Serio<br>Estable<br>Simpático<br>Statu Quo<br>Sosegado |
| Reservado – Orientado hacia las Tareas | Reservado – Orientado hacia la Gente |

# EL PROFESIONAL DE VENTAS D-alto

A los dos años de edad, es probable que la primera oración de esta persona fuera, «¡Lo haré YO MISMO!» Lo siguen diciendo por el resto de sus vidas. Las personas con características **D-alto** enfocan todo lo que hacen con energía, concentración y tenacidad.

Cita clave para el profesional de ventas **D-alto**:

*«La tenacidad mental es muchas cosas y es algo difícil de explicar. Sus cualidades son el sacrificio y la abnegación. Además, y lo más importante, se combina con la voluntad totalmente disciplinada que rehúsa darse por vencido. Es un estado mental - se podría decir que es carácter en acción.»*

*- Vince Lombardi*

| | |
|---|---|
| **Se puede describir como:** | Dominante, Directo, Exigente, Decisivo, Determinado, Dinámico |
| **Símbolo característico:** | Signo de admiración – ¡Usted es enfático en todo! |
| | ! |
| **Color característico:** | Verde – de adelante |
| **Perspectiva hacia la vida:** | Probablemente, a usted le gusta ser el líder o encargado. |
| **Orientación:** | Cumpla la tarea - ¡simplemente hágalo! ¡Sobrepóngase a la oposición y alcance sus metas! ¡Los ganadores no se rinden y los rajados nunca ganan! |
| **Ambiente Ideal:** | Optimista, rápido, poderoso |

**Las personas con características D-alto son tremendos profesionales de ventas porque:**

• Establecen metas de ventas claras y persisten para alcanzarlas

• No les molesta la palabra NO. Para ellos, NO significa VUELVA A PREGUNTARME DESPUÉS

- Ven las oportunidades, no los problemas
- Disfrutan de la competencia y responden de forma positiva a las promociones de ventas
- Tienen tremenda energía
- Tienen el empuje para alcanzar el estado de Primer Productor
- Tienen ideas innovadoras
- Disfrutan de la independencia de un cargo de ventas
- Toman decisiones rápidamente y luego trabajan para hacerlas cumplir
- Disfrutan de la negociación
- Trabajarán largas horas
- Disfrutan de resolver los problemas

## CÓMO SER EL MEJOR D-ALTO POSIBLE

¡La personalidad **D**-alto es excelente para las ventas! Si esto le describe, usted tiene el impulso, la concentración, y la persistencia para cumplir con cualquier tarea o reto. De hecho, puede ver la conquista de un reto como algo divertido. Eso le puede impulsar hacia el logro. Su necesidad de tener un reto ofrece una enorme ventaja.

### Los D-altos NECESITAN:

- Desafíos
- Control
- Opciones

Estas tres necesidades hacen que el campo de las ventas sea atractivo a la gente con características D-alto. A menudo las personas con características D-alto quieren ser su propio jefe. Quieren controlar la toma de decisiones y gozar de opciones para así controlar su destino. Por lo general, son automotivados y orientados hacia la tarea, por cuanto disfrutan de ser el lobo solitario que recorre los caminos. Suelen ver cada venta posible como un reto que deben enfrentar con determinación. A menudo están cómodos con un enfoque directo y natural. Normalmente exhiben gran energía, y aprecian la productividad.

*«Lo hice a MI manera...»*

*- Frank Sinatra de la canción a mi manera*

**Lo que con frecuencia causa estrés para los D-altos:**

- Que se aprovechen de ellos
- Perder el control
- Que les falten respeto
- Un ritmo lento
- Palabras que no resultan en acción

**Bajo presión, los del tipo D-alto pueden reaccionar con (descontrol):**

- Impaciencia
- Sarcasmo
- Exigir resultados (forzar un cierre)
- Expresiones físicas intensas
- Tonos vocales fuertes

**La gente con características D-alto sacará mejores RESULTADOS cuando:**

- Rinde cuentas a alguien o permite que un mentor critique su actuación.

- Baja el ritmo, cultiva destrezas activas para escuchar, y aprende a hablar en tonos de voz más bajos para evitar percibirse como prepotente o autoritario.

- Se acuerda de sonreír y tomar el tiempo para socializar con el cliente.

*«Todos quieren que les aprecien, entonces si aprecia a alguien, no lo deje en secreto.»*

*- Mary Kay Ash*

## EL PROFESIONAL DE VENTAS I-alto

La canción tema para los **I**-altos podría ser, «Don't worry, be happy». (No te preocupes, sé feliz) Adoran divertirse e interactuar con otras personas.

Cita clave para el profesional de ventas **I**-alto:

*«Casi no importa qué producto venda, ¡a los clientes les agrada comprar de mi!»*

*- Bill Porter*

| | |
|---|---|
| **Se puede describir como:** | Inspirador, Influyente, Impresionable, Interactivo, Impresionante, Involucrado |
| **Símbolo característico:** | Estrella – ¡Deles una ESTRELLA ROJA! Necesitan ser vistos y reconocidos.<br><br>★ |
| **Color característico:** | Rojo – dice «Nóteme a mí!» |
| **Perspectiva hacia la vida:** | Les gusta persuadir a los demás hacia su forma de pensar. |
| **Orientación:** | ¡Yo estoy a su favor! ¡Divirtámonos! Si todos ponemos esfuerzo en la misma dirección, ¡jamás se acabará nuestro éxito! |
| **Ambiente Ideal:** | Divertido, amigable, apasionante |

**Las personas con características I-alto son tremendos profesionales de ventas porque:**

- Les gusta conocer a gente nueva
- Dentro de pocos momentos dan calor a las llamadas frías
- Proyectan una actitud amable
- Disfrutan de interactuar con la gente, hablan fácilmente con los demás
- Muestran entusiasmo
- Inspiran a los clientes a comprar
- Tienen tremenda energía

- Trabajarán duro porque quieren complacer e impresionar a sus superiores
- Trabajan bien en un ambiente informal o poco estructurado
- Se adaptan rápidamente a los cambios, tienen gran flexibilidad
- Agregan diversión y emoción al lugar de trabajo
- Alientan a los demás
- Emanan optimismo

## CÓMO SER EL MEJOR I-ALTO POSIBLE

La personalidad I-alto es excelente para las ventas! Si esto le describe, es probable que viva para inspirar e influenciar a cualquiera que llegue a cinco pies de usted. Probablemente adora a la gente y se siente cómodo cuando habla con casi cualquiera.

**Los I-altos NECESITAN:**

- Reconocimiento
- Aprobación
- Popularidad

El ganar la aceptación, amor, y admiración de las multitudes (mientras más, mejor) impulsa a muchas personas con características I. A menudo disfrutan de la atención que les brinda las presentaciones de ventas. No sólo que quieren hacer la venta, normalmente quieren que el cliente les tome cariño. Con frecuencia mezclan sus charlas de ventas con muchas anécdotas humorísticas. En su esfuerzo por mantener la atención sobre ellos mismos, pueden dominar la conversación. A veces pueden hablar largo y tendido. Hay poco que les estimula más que el reconocimiento público de sus logros en las ventas. Su necesidad motivadora de popularidad y aceptación social puede crear un temor igualmente fuerte al rechazo social. Ante el rechazo, los tipos I-altos suelen reaccionar emocionalmente.

*«El humor es, con mucho, la actividad más importante del cerebro humano.»*

*- Edward de Bono*
*Autoridad destacada en el campo del pensamiento creativo*

**Lo que con frecuencia causa estrés para los I-altos:**

- Rechazo
- Pasar vergüenza ante el público
- Pérdida de posición social y reconocimiento
- Cantidades grandes de información
- Ambientes sumamente estructurados

**Bajo presión, los del tipo I-alto pueden reaccionar con (descontrol):**

- Habla
- Risa
- Emoción
- Distraer la atención
- Chistes

**La gente que tiene características I-alto se DIVERTIRÁN más cuando:**

- Se organiza y evita perder los pedidos y datos de contacto.
- Se centran sus metas y la tarea a mano para convertirse en alguien cumplidor.
- Termina su día en una nota positiva, escucha un CD motivacional, o lee un libro positivo. Evitar que una llamada infructuosa o día frustrante dañe su perspectiva emocional y productividad.

*«No hay caballo que llegue a su destino hasta que no le ponen el arnés ... No hay vida que llegue a la grandeza hasta no estar centrado, dedicado, disciplinado.»*

*- Harry Emerson Fosdick*

# EL PROFESIONAL DE VENTAS S-alto

Las personas con características S-alto suelen tener un exterior tranquilo, despreocupado. Por lo general prefieren trabajar a un ritmo regular, y normalmente les gusta saber el resultado final antes de empezar.

Cita clave para el profesional de ventas S-alto:

*«Tómese el tiempo de hacer una pausa y considerar los sentimientos de la otra persona, sus perspectivas, sus deseos y necesidades. Piense más en lo que quiere el otro, y cómo se ha de sentir.»*

*- Maxwell Maltz*

| | |
|---|---|
| **Se puede describir como:** | Servicial, Serio, Estable, Simpático, Statu quo, Sosegado |
| **Símbolo característico:** | Signo de más o menos – para ellos, está bien como sea … Sienten que lo que nos hace falta es la armonía. |
| | $+$ |
| **Color característico:** | Azul – tranquilo y sereno como el cielo azul y despejado |
| **Perspectiva hacia la vida:** | Les gusta proveer apoyo para ayudar a completar la tarea. |
| **Orientación:** | ¡Todos para uno y uno para todos! Si todos trabajamos juntos, seremos un equipo fantástico. Todos juntos valen más que uno solo. |
| **Ambiente Ideal:** | Previsible, estable, armonioso |

**Las personas con características S-alto son tremendos profesionales de ventas porque:**

- Escuchan con atención
- Hacen que la gente se sienta cómoda y relajada
- Forman relaciones estrechas con sus clientes
- Crean relaciones de confianza de tal modo que los clientes
- Vuelven a pedir
- Siguen bien el liderazgo

- Acaban lo que comienzan, una vez que se ponen en marcha
- Evitan conflictos y preservarán la tranquilidad del lugar laboral
- Les gusta trabajar en un ambiente de equipo; a menudo están dispuestos a ayudar a otros vendedores
- Ofrecen gran atención al cliente porque desean complacer a los demás
- Tienen un enfoque relajado
- Son confiables
- Las tareas repetitivas les son cómodas - seguimiento, etc.

## CÓMO SER EL MEJOR S-alto POSIBLE

¡La personalidad S-alto es excelente para las ventas! Si esto le describe, su capacidad de perdurar y terminar lo que empieza le hace el experto en seguimiento y cumplimiento. Es más que seguro que sobresale en la preservación de clientes existentes, porque se da el tiempo de conocerlos, apoyar sus necesidades y cumplir con sus promesas.

### Los S-altos NECESITAN:

- Agradecimiento
- Seguridad
- Garantías

A las personas con características S-alto, hay poco que les gusta tanto placer como el relacionarse con la gente a su alrededor para lograr una meta común. Afectuosos, simpáticos, y apto por naturaleza de trabajar bien en **EQUIPO**, a menudo trabajan entre bambalinas para producir resultados. Cuando ocurre un problema con un pedido postergado o falta de entrega, normalmente los vendedores S-alto suelen encontrar alguna forma de atender al cliente. Con frecuencia lo hacen personalmente. Es posible que traten de mantener la paz sin importarles el costo personal.

*«A los que esperan, les llega... pero solamente lo que dejaron atras los que trabajan.»*

*- Abraham Lincoln*

**Lo que con frecuencia causa estrés para los S-altos:**

- Conflicto
- Confrontación
- Pérdida de seguridad
- Cambios repentinos
- Prioridades altas múltiples con poco tiempo para cumplirlas

**Bajo presión, los del tipo S-alto pueden reaccionar con (descontrol):**

- Falta de actuación
- Indecisión
- Compromiso
- Silencio
- Retiro

**La gente con características S-alto recibirá más COOPERACIÓN cuando:**

- Proyecta confianza en su producto, servicio, o empresa.

- Practica destrezas de comunicación firme para manejar las expectativas del cliente - definir claramente las fechas de entrega, cargos por servicios adicionales, etc.

- Reconoce que una pregunta directa o un "no" de un cliente no es un ataque personal.

*«Los mejores hombres no son los que han esperado, sino los que han aprovechado, una oportunidad; asediado la oportunidad; conquistado la oportunidad; y hecho de la oportunidad el servidor.»*

*- E.H. Chapin*

## EL PROFESIONAL DE VENTAS C-alto

La gente con características C-alto pueden lograr éxito en las ventas por su enfoque incesante y metódico. Normalmente, les gusta «planear su trabajo y trabajar según su plan».

Cita clave para el profesional de ventas C-alto:

*«Exprese su plan en forma escrita... El momento que lo completa, definitivamente habrá dado forma concreta a un deseo intangible.»*

*- Napoleon Hill*

| Se puede describir como: | Cauteloso, Calculador, Competente, Concienzudo, Contemplador, Cuidadoso |
|---|---|
| Símbolo característico: | Signo de Interrogación – Quieren saber el «porqué» de todo. |
| Color característico: | Amarillo - significa Cautela |
| Perspectiva hacia la vida: | Les gusta la excelencia y calidad constante. |
| Orientación: | Cualquier cosa que vale la pena hacer, vale hacer bien. Quieren suministrar bienes y servicios de calidad con el trabajo detenido y concienzudo. |
| Ambiente Ideal: | Estructurado, preciso, de alta calidad |

**Las personas con características C-alto son tremendos profesionales de ventas porque:**

- Conocen su(s) producto(s) y servicio(s)

- Dan presentaciones claras y lógicas

- A menudo prevén y ensayan respuestas a las preguntas más comunes que les podrían hacer sus clientes

- Tienen estándares muy altos para sí mismos

- Actúan con gran integridad y honestidad

- Terminan cualquier cosa que empiezan

- Buscan la perfección personal y profesionalmente

- Planean su trabajo con atención y trabajan según su plan. No abrigan las distracciones
- Trabajan su territorio metódicamente
- Mantienen objetividad
- A menudo analizan y emplean el enfoque más eficiente en cuestiones de control del tiempo y territorio
- Aprecian la lealtad

## CÓMO SER EL MEJOR C-alto POSIBLE

¡La personalidad C-alto es excelente para las ventas! Si esto le describe, usted pone un estándar alto para sí mismo, y es probable que estudie todos los detalles acerca de cualquier producto o servicio que venda. Su enfoque metódico al manejo de su territorio y su preparación en detalle para cada presentación de ventas le hace valioso para su equipo de ventas. Es probable que luche por alcanzar la excelencia y perfección en todo lo que hace.

### Los C-altos NECESITAN:

- Respuestas de calidad
- Valor
- Excelencia

Como pensadores muy lógicos, la gente con características C-altas evalúa y explora detenidamente todas las opciones para formar un procedimiento plan, a fin de prever y prevenir los errores. Por lo general se prepara bien para cada presentación. Hasta puede usar notas mecanografiadas para hablar mientras se refieren a gráficas e investigaciones precisas. Trabajan duro para «tenerlo todo en orden». Superan en la organización de información, creación de cuadros de flujo y obediencia a las reglas.

*«La integridad es el cemento que mantiene integrado nuestro modo de vivir.»*

*- Billy Graham*

**Lo que con frecuencia causa estrés para los C-altos:**

- Expectativas desconocidas o poco claras
- Acciones ilógicas
- Desorganización
- Falta de consistencia
- Violación de los principios

**Bajo presión, los del tipo C-alto pueden reaccionar con (descontrol):**

- Crítica
- Pesimismo
- Preguntas mordaces
- Juicio
- Corrección da los demás

**Las personas con características C-alto lograrán la EXCELENCIA cuando:**

- Reconocen que «bastante bien» realmente basta, para así tomar acción en lugar de sobre analizar una situación.

- Aprenden cómo dar una vista global breve de la presentación. Cuando se da demasiados datos y detalles, puede ser difícil para los otros estilos de personalidad seguir la presentación de ventas.

- Relajarse y sonreír. Recuerde - a la gente no les importa cuánto sabe hasta que no sepan cuánto le importan. Una sonrisa creará una mejor conexión con más personas.

*«Considere el fracaso desde la perspectiva de ganar nuevo entendimiento. Vea el fracaso por lo que es - un banco de colección de datos. Con cada fracaso, gana datos nuevos, un depósito que le servirá para un éxito futuro.»*

*- Gary Blair*

**4**

......................................................................

# Trabajar
# con la Gente

......................................................................

# Trabajar con la Gente

Una vez que ha sustituido sus Ideas Ilusorias sobre las ventas con Ideas Idóneas y empieza el trabajo de controlar sus respuestas a las situaciones, ha empezado el proceso de crecer hacia el éxito en las ventas. Ahora puede dar comienzo al proceso de aprender a entender y trabajar con otras personas para poderlos ayudar más efectivamente a resolver sus problemas. Así como enseñamos el **Modelo del Comportamiento Humano** como herramienta para aprender a controlar sus comportamientos, también recomendamos utilizarlo como la herramienta principal en su esfuerzo por trabajar con, y entender a, otras personas.

Una vez que entiende completamente su estilo de personalidad, tanto sus fuerzas como sus puntos ciegos, puede avanzar a un mejor entendimiento de otra persona – su cliente. Estos dos pasos – primero, entenderse a sí mismo y luego entender a su cliente – forman la cimenta del sistema **Rompiendo los Límites.**

Consultemos a nuestros expertos de ventas, Joe y Dawn Pici, para aprender de su experiencia:

Creemos en la buena técnica de ventas, y de eso hablaremos más adelante. Por ahora, queremos dar énfasis a los dos problemas críticos de gentes que aborda el sistema **Rompiendo los Límites** -entender sus propias necesidades, motores y temores; y entender las necesidades, motores, y temores de sus clientes. Si salta esta información fundamental, perderá los principios claves que hacen del sistema **Rompiendo los Límites** algo distinto a otros enfoques de entrenamiento.

En nuestras discusiones con gerentes de ventas a menudo nos dicen que notan una mejora en el rendimiento poco después de un programa de entrenamiento y luego, a los 60 a 90 días, un deterioro hasta volver a los niveles preentrenamiento. A menudo les oímos decir que creen que la baja en el rendimiento después de la «luna de miel» de entrenamiento proviene de una falta de motivación entre su equipo de ventas.

Esta perspectiva no encaja con nuestra experiencia de trabajar con vendedores por todo el país. Encontramos que la mayoría de los profesionales de ventas es altamente motivada. Quiere aplicar lo que han aprendido. Quiere vender. Quiere ganar dinero. Quiere alcanzar el éxito.

El problema no radica en los vendedores mismos, sino con la estructura de muchos programas motivacionales y de entrenamiento de ventas. Por lo general, estos programas no abordan la brecha entre la adquisición de conocimiento y la aplicación de conocimiento.

Una vez que disipa la energía y entusiasmo del ambiente de entrenamiento, se encuentran con que han aprendido unas nuevas ideas y técnicas que pueden o no encajar con su situación específica. Ya que muchos programas de entrenamiento enseñan técnicas, pero **no principios fundamentales,** pueden darse cuenta estos profesionales motivados y energéticos que no tienen el conocimiento básico para hacer ajustes a las técnicas, para que encajen con ellos y sus clientes. Entonces, pierden su entusiasmo y vuelven a su modo anterior de operar.

Vemos que a menudo esta brecha entre la adquisición de conocimiento y la aplicación práctica tiene más que ver con una falta de entendimiento de las necesidades y temores que impulsan los comportamientos que con la motivación y conocimiento. Es decir, los vendedores por lo general están motivados y normalmente conocen muchas técnicas excelentes. Lo que quizás no sepan es cómo adaptar esas técnicas efectivamente para encajar con su propio estilo de personalidad y ajustarse a los diferentes tipos de clientes. Encontramos también que muchos profesionales de ventas, por lo demás fantásticos, no saben cómo superar sus propios temores personales y pensamiento que limita al rendimiento.

La mayoría de los programas de entrenamiento de ventas se centran en la exploración, el contacto, conocimiento de los productos, destrezas de presentación, trato de las objeciones, y cierre de ventas. Estamos de acuerdo en que el dominio de estas destrezas conducirá a cierto éxito en las ventas. Hemos visto también que estas destrezas en sí no le harán un vendedor de éxito y fortuna a largo plazo. En nuestro trabajo con profesionales de ventas en todo el país, identificamos tres destrezas de fundamento adicionales que se combinan a las otras destrezas de ventas referidas para producir una combinación insuperable. Las tres destrezas adicionales fundamentales de venta son:

1. Control sobre sus temores y motores personales

2. La capacidad de reconocer el estilo de personalidad de su cliente. Este conocimiento incluye:
a. Reconocer sus necesidades y temores básicos
b. Entender cómo le podrán percibir a usted

3. Saber cómo adaptar su comportamiento y lenguaje para conectar mejor con otros.

A estas tres cosas las vemos como destrezas, no talentos. Un talento le viene a uno por naturaleza. Los talentos no se pueden aprender. Uno aprende las destrezas cuando tiene la información, guía y práctica adecuadas. Vemos que la mayoría de la gente tiene fuerzas naturales en ciertas áreas, y en otras luchan un poco. Ya que estas son destrezas y no talentos, cualquiera puede superar sus luchas personales para dominarlas. Cualquiera puede aprender estas destrezas si tiene la información, el adiestramiento, y la dedicación necesarias para mejorar.

Note que ninguna de las destrezas fundamentales que mencionan Joe y Dawn tiene que ver con el conocimiento de los productos. Tampoco se refieren a un método o técnica universal para tratar las objeciones o cerrar la venta. Principalmente, estas destrezas se relacionan con la capacidad de conectar con el cliente – de formar una buena relación funcional con ellos. Esta capacidad de conectar con los demás sale de quién es uno como persona y no de una técnica «enlatada».

Considere el entrenador de ventas maestro, Zig Ziglar. Él enseña a la gente a tratar las objeciones, hacer buenas presentaciones, y cerrar la venta. También ofrece un gran número de seminarios y materiales de recurso dirigido al desarrollo de la excelencia personal. Zig enseña destrezas, y también dice, «Uno tiene que ser antes de que pueda hacer. Uno tiene que hacer antes de que pueda tener». O sea, uno debe hacerse un vendedor excelente antes de poder experimentar el éxito en las ventas.

Un profesional de ventas de éxito deberá tener un conocimiento excepcional del producto y un método efectivo de tratar las objeciones. Deberá también saber cómo cerrar la venta. Lamentablemente, son muchos los vendedores que dependen de estas destrezas de superficie y no avanzan a las destrezas fundamentales. Los tres elementos que mencionan Joe y Dawn son críticos para aprovechar a lo máximo sus destrezas de presentación. Note que cada una de las destrezas fundamentales tiene que ver con el don de gentes y no las destrezas técnicas.

*«Hay dos tipos de conocimiento. Uno es general, el otro es especializado. El conocimiento general... de poco sirve en la acumulación de dinero.»*

*- Napoleon Hill*

El entender el Modelo del Comportamiento Humano es un conocimiento general. El entender cómo se aplica a usted y sus clientes es conocimiento especializado. El conocimiento general es algo bueno. El conocimiento especializado es lo que le conducirá al éxito.

El conocimiento especializado que enseñamos se basa en la definición de ventas que usamos en el capítulo inicial de este libro.

*El vender es buscar una manera de ayudar a los clientes a resolver un problema y cumplir una necesidad no satisfecha.*

Tomando esto como punto de partida, vemos todas las técnicas siguientes como herramientas en su juego de herramientas de ventas, que le ayudarán en su esfuerzo por ayudar a sus clientes. Sin el deseo genuino de cumplir las necesidades de su cliente, estos enfoques pueden sonar falsos y manipulativos desde la perspectiva de su cliente. Con el deseo de ayudar a su cliente llegar a una decisión de calidad, estos enfoques mejorarán su eficacia.

Todo lo que sigue a continuación se escribió con el propósito de ayudarle a desarrollar las tres destrezas fundamentales y crecer en su conocimiento especializado. Una vez que desarrolla estas destrezas, ¡su **índice de ventas saldrá disparado!**

**5**

# Abrazar el Teléfono

# Abrazar el Teléfono

*«Joe y Dawn, gracias a ustedes, ¡SOY BUENA!»*

*- Kathy, Orlando, FL*

---

*«Joe, su enfoque al teléfono ha sido un éxito tremendo para nuestro equipo. Durante los últimos 30 años he invertido mucho en entrenamiento de ventas, sin jamás recibir los resultados que produjo su sistema. La forma en que lo abordó y logró una aceptación del 100% fue la mejor que he visto. ¡Un enfoque increíble!»*

*- Dutch Owens, Orlando, FL*

Hasta este punto hemos introducido la información básica que apoya el  Sistema de Ventas al Desnudo y provee los cimientos que le ayuda en su búsqueda de éxito en las ventas. Ahora, tratemos los pasos de aplicación práctica que puede tomar para mejorar su efectividad en el teléfono.

En la redacción de este libro, suponemos que usted es un profesional de ventas o gerente de ventas que opera en un negocio en que, en algún punto del proceso de ventas, requiere el contacto directo de cara a cara. Si bien los principios se podrán aplicar a un ambiente de televentas o centro de llamada, los enfoques y  técnicas que cubrimos buscan ante todo lograr una conversación de cara a cara.

Suponiendo que quiere ver a sus clientes en persona, deberá obtener una cita antes de poder dar una presentación de ventas o cerrar la venta. Es posible que para generar oportunidades de ventas su negocio utilice anuncios de periódico o radio, por correo directo o electrónico, o alguna otra tipo de comercialización. Este esfuerzo de mercadeo puede resultar en llamadas en busca de información o citas, pero para la persona que tuvimos en cuenta en el desarrollo de este libro (esperamos que sea usted) la gran mayoría de las ventas empezará con el contacto del vendedor que pide una cita a un cliente posible. La mejor herramienta para este tipo de contacto es ... el teléfono.

En un ambiente de seminario, por lo general vemos dos tipos de reacción cuando pasamos de información básica a ideas para aplicarla y mencionamos el hecho de levantar el teléfono. Las dos reacciones más comunes son:

1.  «¡Fantástico, por fin van a llegar a lo práctico!»

2.  «Ay, no... ¡Ya nos va a tocar levantar el teléfono!»

Si se relaciona bien a la primera frase, es probable que le entusiasme la idea de llegar al grano. Si se relaciona más a la segunda frase, no se desanime. Le mostraremos unas maneras sencillas de superar el dolor, temor, o frustración que le provoca hacer una llamada telefónica.

Veamos la perspectiva de Joe sobre el uso del teléfono:

Antes de considerar la técnica, debe considerar su perspectiva. Debe primero prepararse mental y emocionalmente para la sesión de llamada telefónica. Si, son importantes las habilidades telefónicas, pero sin la confianza de levantar el teléfono, no ha de hacer muchas llamadas. De hecho, si no tiene confianza de todos modos no logrará éxito con muchas de las llamadas que hace. Usted es un profesional y ha de saber que mientras más llamadas telefónicas se hacen, más ventas se producen. Si es como la mayoría de los profesionales de ventas a los que hemos ayudado, usted sabe esto y aún así evita hacer las llamadas. Sin embargo, para alcanzar verdadero éxito en las ventas, debe estar consciente de, confrontar, y superar, cualquier temor, aprensión, o escepticismo que tenga sobre el uso del teléfono.

La fuerza del sistema **Rompiendo los Límites** está en su uso del Modelo del Comportamiento Humano para entender a la gente y en los enfoques que hemos desarrollado en base a este entendimiento. Hasta este punto debe haber ya, o tomado una evaluación de perfil de personalidad, o formado una idea bastante buena de su mezcla básica de estilos de personalidad gracias a la primera parte de este libro. Hablando como un vendedor enfocado, motivado, orientado hacia los resultados, de estilo **D**-alto, permítame recomendarle enérgicamente completar una evaluación para ganar una imagen mental plena y precisa de su estilo.

Muchos de nuestros clientes resisten al principio invertir el dinero o tiempo para tomar una evaluación. De hecho, muchos de nuestros clientes insisten en que ya saben cuál es su estilo y no necesitan una evaluación. Entiendo esa perspectiva, porque yo pensaba lo mismo cuando primero me enteré de este material. Sin embargo, después de aprender del Dr. Rohm y su personal ahora recomiendo a todos tomar una evaluación para que sepan realmente cuál es su mezcla de estilos de personalidad.

Cuando empecé a entender mejor mis propios motores y comportamientos, empecé a reconocer más maneras en que podía aplicar mis fuerzas con eficacia y superar mis puntos ciegos. El sistema que desarrollamos Dawn y yo depende de un buen conocimiento práctico del **Modelo del Comportamiento**

**Humano** – saber dónde encaja uno en el modelo y entender cómo adaptarse a los distintos clientes y situaciones.

Una de las situaciones donde debe controlar sus motores es el hacerse levantar el teléfono.

El éxito de estas técnicas telefónicas depende de que acepte la idea de que la concentración y disciplina para usar el teléfono son su clave al éxito en las ventas. Hago hincapié en esto porque, cuando doy un entrenamiento de ventas, escucho casi cualquier excusa imaginable para no usar el teléfono.

**D** Muchas veces, los del tipo **D**-alto me dicen que no les alcanza el tiempo para hacer la preparación que recomiendo para las llamadas telefónicas. Al principio, muchas veces, ven a mis sugerencias como falto de sustancia. Le aseguro – dan resultados.

**I** Los del tipo **I**-alto a menudo me dicen que pueden concertar más citas si van manejando por su territorio y visitan a la gente en persona. Suelen considerar muy rígidas a mis sugerencias. Le aseguro – se divertirá más y recibirá más reconocimiento si se centra conmigo por un momento corto.

**S** Los del tipo **S**-alto rara vez se oponen directamente a mis métodos, pero pueden mostrarse resistentes porque no quieren molestar a nadie o parecer ser muy prepotentes. Me permito asegurarle – mis enfoques ayudan a crear ambientes de venta seguros para que la gente quiera trabajar con usted.

**C** Los del tipo **C**-alto normalmente se oponen porque no perciben la lógica o valor de mi enfoque. Usualmente, su recelo inicial de levantar el teléfono nace de un deseo de analizar mis sugerencias detenidamente. Me permito asegurarles – he considerado detenidamente cada paso del proceso.

Cuando era entrenador de fútbol americano universitario, aprendí que cada atleta tiene algo que lo motiva. Aprendí también que a diferentes personas les motiva diferentes cosas. En ese entonces, yo no sabía cómo identificar el motivador de cada persona rápida y fácilmente. ¡Cuánto quisiera haber sabido entonces del Modelo del Comportamiento Humano! Ahora entiendo los motivadores comunes de cada estilo de personalidad.

En los años transcurridos desde que cambié del entrenamiento deportivo a las ventas profesionales, esto es lo que he aprendido. Si puede replantear el temor, aprensión, o escepticismo que le impide hacer más llamadas, es probable que encuentre el motivador que le ayudará a encontrar el éxito. Como entrenador de fútbol americano, noté que el ánimo funciona mejor que la presión. No importa si yo le trato de empujar o usted mismo se aplica la presión. En los dos casos, el resultado es igual – resistencia. Por eso, les animo como sigue: *identifique lo que le inhibe hacer más llamadas, y luego replantéelo para motivar y animarse.*

Cada uno tiene sus propias dudas y objeciones ante diferentes aspectos de este proceso. De hecho, yo también las tuve al inicio de mi carrera de vendedor. Por ejemplo, le recomendaré siempre que elabore un guión para ayudarle a empezar. Como un **D**-alto, solía pensar lo mismo que muchos otros del estilo **D**-alto en cuanto a redactar un guión – parecía una pérdida de tiempo. Luego, replanteé ese pensamiento para decirme que la redacción de un guión me diría QUÉ hacer para lograr RESULTADOS con mis llamadas telefónicas.

En vez de permitirme impulsar por mi deseo de empezar enseguida a trabajar – hacer llamadas e improvisar - utilicé mis motivadores naturales para hacerme cumplir con lo que al principio realmente no quería hacer – escribir un guión. A medida me he acostumbrado más a mi guión, ahora lo puedo modificar sobre la marcha. Pero, la baja de ritmo inicial para poderlo escribir me ayudó a sacar resultados más rápidamente.

En mi experiencia, uno puede hacer más contactos y lograr más éxito en una sesión telefónica bien planeada de 20 a 30 minutos, que en dos semanas de recorrer su territorio. Cuando aprende a usar el teléfono bien:

- Concertará más citas
- Se reunirá con clientes mejor calificados
- Habrán menos cancelaciones y ausencias
- Tendrá más tiempo para divertirse
- Estará mejor preparado para reunirse con los clientes porque tendrá una mejor indicación de su estilo de personalidad, y
- Producirá un mayor porcentaje de ventas.

De lo que ha experimentado Joe, el desarrollo de destrezas de teléfono ofrece algo para todos:

- Resultados para los de estilo **D**-alto
- Reconocimiento y diversión para los **I**-altos
- Un patrón cómodo para los del estilo **S**-alto y
- Un proceso previsible para los **C**-altos

Vemos al teléfono como una gran herramienta en su juego de herramientas de ventas. Una herramienta que, cuando se usa correctamente le puede llevar a éxito abrumador como profesional de ventas. Por eso, le animamos a ...

***...abrazar el teléfono***

6

# Use el Método CITA

# Use el Método CITA

Cada llamada telefónica solamente ha de durar de 30 segundos a 2 minutos. Por eso, tendrá muy poco tiempo para cumplir su objetivo principal - *¡concertar una reunión!* Ya que normalmente tendrá tan poco tiempo en el teléfono hemos encontrado que un enfoque sencillo y repetible a sus llamadas puede mejorar sus resultados de gran manera.

Hemos creado un acrónimo para ayudarle a recordar los componentes claves de una llamada telefónica eficaz. Les recomendamos usar el método **CITA**, donde **CITA** significa:

**CONECTAR** con la persona en el teléfono

La gente se reunirá con usted SI ES QUE le cae bien o cree que usted los puede ayudar con un problema. Conecte con su cliente al inicio de la llamada. Aprenda las habilidades que le permitirán formar una conexión rápidamente.

**INFORMARLE** del motivo de su llamada (la pregunta no expresada.)

Cada persona a quien llama quiere saber la respuesta a la pregunta: «Por qué me ha llamado?» Tenga lista una buena respuesta a esta pregunta y provéala antes de que hagan la pregunta.

**TOMAR NOTA** de su respuesta

Aprenda a identificar datos claves acerca de su cliente simplemente por la manera en que responde cuando se presenta usted por teléfono.

**ARREGLAR** la reunión

> Utilice lo que aprendió de escuchar a su cliente, y expresa su oferta de tal manera que le muestra el valor de reunirse con usted. Luego arregle la reunión.

Al recordar el acrónimo **CITA**, puede incluir todos los elementos claves de una buena llamada, aún en una llamada verdadera cuando siente la presión del tiempo. Más adelante explicaremos cada paso del método **CITA**. Por ahora, simplemente queremos que sepa lo que es, y por qué lo usamos. Por eso, le alentamos ...

*...use el Método CITA.*

7

# Elaborar una Lista de CITA

# Elaborar una Lista de CITA

## La preparación previa apropiada produce una presentación poderosa

Si usted es como la mayoría de la gente, sentirá cierta presión cuando está en el teléfono. Esta presión puede provocar sus respuestas de personalidad descontroladas. Encontramos que planea con atención cómo manejar una situación posiblemente estresante, puede reducir el estrés de gran manera. Por eso, le recomendamos prepararse para sus llamadas telefónicas mucho antes de levantar el teléfono.

Sugerimos prepararse para sus llamadas en tres pasos:

1. Elaborar una lista de CITA

2. Escribir un guión de CITA

3. Practicar el guión de CITA

Este es el primero de tres capítulos dedicados a su preparación pre-llamada de **CITA**. Las sugerencias de estos tres capítulos le ayudarán ya sea que hace llamadas frías o de contacto previo. Se aplican los principios en cualquiera de los casos. Ya que el mayor reto para la mayoría de los vendedores es la llamada fría, los siguientes comentarios suponen un escenario de llamada fría.

### Elaborar una Lista de CITA

¿A quién llamará? Antes de cualquier sesión de llamadas,

deberá tener una lista con nombres de clientes posibles, con tanta información como le sea posible para cada uno. Mucha gente trata de usar su archivero de tarjetas de presentación, su PDA, teléfono celular, o su agenda, para hacer las llamadas. Aunque este método da ciertos resultados, hemos visto mucho más éxito cuando los vendedores trabajan en base a una lista organizada de CITA. En nuestra experiencia, el mayor éxito sale de una sesión de llamadas con setenta y cinco nombres en su lista, como mínimo.

Logrará mayor éxito cuando trabaja de una lista de CITA, por varias razones:

- Puede hacer más llamadas en menos tiempo si no tiene que buscar los números durante la sesión de llamadas.

- Cuando llega al «no» inevitable (nos sucede a todos), podrá mantener un ritmo mental si pasa rápidamente a otra llamada.

- A medida avanza por la sesión de llamadas se le hará más fácil seguir su guión si entre llamadas no tiene que hacer una pausa para buscar el siguiente número.

- Los datos que tiene en su lista de CITA sobre cada contacto le puede ayudar a personalizar su llamada para tratar el problema o necesidad más probable del cliente.

**Nota:** Aprenda cómo elaborar su lista de **CITA** cada día. Descubra cómo pedir recomendaciones de clientes, amigos, y asociados – nombres y teléfonos. Ese no es nuestro tema, pero puede encontrar muchos recursos excelentes sobre el tema. Recomendamos el libro y programa audio de Bob Burg – Endless Referrals.

## Lista de CITA, Paso 1: Definir Su Mercado Objetivo

Usamos tres criterios básicos para identificar el mercado mejor, o más probable, para un cierto producto o servicio. Puede plantear este criterio en la forma de preguntas.

¿Cuáles empresas, organizaciones o personas …

… estarían especialmente receptivas a su producto o servicio?

… se identificarían con usted personalmente?

… están en una situación que les impulsa naturalmente a su producto o servicio?

Aunque muchas empresas podrían beneficiarse de usar su producto o servicio, no todos lo harán. A fin de agudizar su concentración y lograr mayor éxito, invierta tiempo en la parte directa del proceso de llamadas y conteste estas tres preguntas.

**1. ¿Cuáles empresas, organizaciones, o personas estarían especialmente receptivas a su producto o servicio?**

Estas empresas, organizaciones, o personas están listos para comprar antes de que pase usted por su puerta, porque:

- Saben que necesitan su producto o servicio.
- Quieren trabajar con usted.
- No se asombran cuando les dice cuánto les costará.

**Ejemplo:** Una empresa que usted conoce por recomendación directa o de la que tiene usted algún conocimiento anterior sobre la correspondencia entre la necesidad que tiene y lo que usted ofrece. Digamos que usted vende programas de incentivo. Entraría en esta categoría un cliente que expresa abiertamente su deseo de cambiar el programa que tiene para reconocer y premiar a sus empleados.

## 2. ¿Cuáles empresas, organizaciones o personas se identificarían con usted personalmente?

La gente (sus clientes) compran productos y servicios de otras personas (esperemos que sea de usted). Si usted tiene alguna historia o experiencia en común con un grupo o con la persona que toma las decisiones para el grupo, mejora la probabilidad de hacer la venta. Busque oportunidades posibles donde tiene conexiones existentes o algo en común con otras personas. Considere estas fuentes posibles:

- Cámara de Comercio Local
- Grupos comerciales para establecer conexiones
- Boletines de escuelas secundarias o universitarias
- Listas de clubs, iglesias u organizaciones sociales
- Publicaciones de sector o industria

## 3. ¿Cuáles empresas, organizaciones o personas están en una situación que los impulsa naturalmente hacia su producto o servicio?

Estas empresas tienen un problema patente que usted les puede ayudar a resolver. Por ejemplo:

- Disminución de rentas
- Malas ventas
- Crecimiento estancado
- Dificultad para encontrar y retener buenos empleados
- Mucha rotación de personal
- Cambios en los requisitos de clientes
- Disminución de participación del mercado
- Tendencias de la industria que amenazan su posición en el mercado

**Unos ejemplos de afirmaciones sobre mercados objetivos:**

- Mi mercado objetivo consiste de dueños de pequeñas empresas que desean reducir el conflicto y estrés entre sus equipos.
- Mi mercado objetivo consiste de los propietarios de casas que quieren reducir el tiempo y esfuerzo necesarios para mantener su césped.
- Mi mercado objetivo consiste de empresas en la industria hotelera que quieren mejorar la fidelización de sus clientes.

Lista de CITA Paso 2: Combine toda su información en un solo lugar.

Usted quiere recopilar y registrar en un sólo documento todo lo que necesita saber durante una sesión **CITA**.

**Su Lista de CITA debe incluir (como mínimo):**

1.  **Declaración de definición de su mercado objetivo**

¿Vende a corporaciones o propietarios? ¿Se dirige a empresarios o personas particulares? Con esta información delante de usted cuando llama, se ayudará a operar desde la perspectiva idónea para la sesión de llamadas. También puede ser de ayuda si se traba durante la llamada. Puede servir de recordatorio para ayudarle a seguir enfocado con su guión.

2.  **Información específica sobre cada contacto:**

*   Nombre de la Empresa

*   Persona de Contacto

*   Cargo

*   Números de Teléfono

*   Dirección electrónica

*   Mejor hora para llamar

Hay muchas maneras de obtener esta información. Leer memorias corporativas. Buscar en Internet. Hablar con los clientes de sus clientes. Estudiar sitios Web, folletos, artículos que se han escrito de ellos, etc. Con un poquito de trabajo antes de llamar o visitar, puede REALMENTE impresionar a un cliente.

Sigua un ejemplo de lo que puede hacer para hacer una gran primera impresión. Muchos sitios Web empresariales tienen fotos y/o biografías de los empleados. Visite su sitio Web y memorice los nombres y las caras de las personas claves antes de conocerlos. Entonces, cuando tiene la oportunidad de conocerlos de cara a cara, salúdelos de nombre antes de ser presentados formalmente.

Aunque puede parecer mucho trabajo preparatorio inútil, este esfuerzo le ayudará captar la atención de quienes toman las decisiones. Además de armarle para impresionar a la persona que toma las decisiones, es posible que su investigación también revele otros clientes posibles.

**Recuerde:** Sus clientes se interesan más por sus propias necesidades que por usted o su producto.

Su lista de **CITA** debe incluir cualquier información que necesita para formar una conexión rápida con su cliente posible. Su investigación le preparará para mostrarles enseguida *la manera en que lo que ofrece usted puede mejorar la situación de ellos.*

3. Nombre de la persona que toma las decisiones (si no es su contacto inicial)

4. Nombre del «Portero» – la persona que controla el acceso a la persona que toma las decisiones. (Es posible que no conozca el nombre de esta persona inicialmente.)

5. Diez preguntas que puede hacer para ayudarle a conectar con su cliente y entenderlo.

Lo ideal sería personalizar las diez preguntas según la situación de cada cliente. Sin embargo, aún si no lo puede personalizar por completo, las 10 preguntas básicas que tiene antes de empezar sus llamadas le ayudarán a avanzar mucho más rápidamente. Es probable que con ningún cliente utilice todas las preguntas en su llamada inicial. Para la mayoría de las llamadas ha de usar solamente 2 ó 3. Si tiene más preguntas de lo que necesita, proyectará más confianza de que si trata de pensar en preguntas durante la llamada.

Por ejemplo, podría hacer preguntas como…

- ¿Qué tan satisfecho está con …
- ¿Qué tan preocupado está por…
- ¿Es esto un problema para …
- ¿Está experimentando retos con...

**Advertencia:** No sería bueno preguntar «¿Qué me puede decir acerca de su empresa?» Esta pregunta indica que uno sabe poco o nada acerca de sus problemas y que espera que ellos le enseñen a usted cómo les puede servir. Quiere presentarse como experto, no como novato.

Por eso, le alentamos...

*...elaborar una Lista de CITA*

8

# Escribir un Guión de CITA

# Escribir un Guión de CITA

Por más sencilla que parece esta idea, rinde resultados poderosos. Cuando escribe un guión de **CITA**, planee de antemano su conversación con la persona que toma las decisiones para que pueda contestar claramente su pregunta no expresada – «¿Por qué me ha llamado?» Con esta planificación anticipada, mejora de gran manera sus probabilidades de éxito.

Recomendamos invertir el tiempo para redactar un guión bien elaborado que usted piensa usar en el teléfono. Si tiene un guión, sentirá menos presión cuando hace sus llamadas.

Veamos la perspectiva de Joe sobre este punto:

No puedo enfatizar lo suficiente el poder de tener un guión escrito y personalizado ANTES de levantar el teléfono. He visto muchas compañías que tienen un guión enlatado que enseñan o dan a su personal de ventas. No digo que debe hacer caso omiso al guión de la empresa. De hecho, el guión enlatado puede servir como un punto de partida excelente. Pero no recomiendo dejarlo ahí. Haga que el guión sea SUYO. Cambie las palabras para asegurarse de que USTED lo podrá decir sin que suene que está leyendo un guión.

Su guión debe contestar la primera pregunta de su cliente, «¿Por qué me ha llamando?» Y debe incluir dos partes:

1. Su Charla de Ascensor (modificado para el teléfono)

2. Su invitación u oferta

## Guión de CITA Paso 1: Su Charla de Ascensor

Diez segundos de Triunfo o... ¡Tragedia!

Cuando prepara su guión, recuerde que su cliente posible no necesariamente sabe qué es lo que hace usted y por qué le está llamando. Si la persona en el otro teléfono no le conoce bien, es probable que se incomode con la llamada rápidamente. En preparación para esta situación elabore una introducción personal breve como parte de su guión.

A esto muchos entrenadores de ventas y establecimiento de conexiones lo llaman su «charla de ascensor», porque lo debe poder dar rápida y fluidamente en menos de 10 segundos – más o menos el tiempo que toma hablar con alguien en un ascensor.

Lo que debe cubrir en su charla de ascensor es:

- Quién es usted
- A qué empresa representa
- Qué hace su empresa (su producto o servicio)
- El BENEFICIO de su producto o servicio

O sea, su charla de ascensor debe contestar, por lo menos en parte, la pregunta de su cliente, «¿Por qué me ha llamado?»

Además de contestar la primera pregunta de su cliente, su charla de ascensor debe ayudarle a identificar y calificar los candidatos buenos para sus productos o servicios. Por seguro, su objetivo no es de pasar tiempo con personas que tienen poco interés en lo que usted ofrece. Solamente quiere presentar su oferta a la gente que puede sacar beneficio de, y quieren, lo que usted ofrece. Ya que la gente suele comprar por razones emocionales y luego justificar sus decisiones con razones lógicas, debe enfocar primero la emoción y después la lógica.

> **Nota:** ¿Se acuerda del Modelo del Comportamiento Humano (Anexo 2)? Más o menos un 35% de la población está orientado hacia las tareas, y por ahí del 65% de la población está orientado hacia la gente. En base a estos porcentajes, puede esperar con cierta seguridad que un 65% de la gente con quien habla se basará primero de la emoción y después de la lógica. Ya que todos son una mezcla de orientaciones, tanto hacia las Tareas como hacia la Gente, hasta la gente orientada hacia las tareas tiene un lado emocional. Por esto, las probabilidades de conectar con una persona en base a su emoción son, en realidad, más altas del 65%. Ya que quizás no sepa mucho todavía acerca de la persona en el otro teléfono, ponga las probabilidades a su favor. Proceda primero con la emoción.

Su declaración de beneficio debe conectar con la emoción que hay detrás su producto o servicio. En un momento entraremos más en detalle, pero para que quede claro por ahora nuestro punto:

- Note que una frase común como «Vendo materiales de limpieza», ofrece un servicio.

- Pero algo como «Reduzco el costo de la limpieza y mejoro la apariencia y seguridad de su edificio», conecta con una emoción.

> Nota: Aunque el tema de este libro no es cómo conocer a gente y establecer conexiones, también puede usar su charla de ascensor para este fin.

La charla de ascensor separa la paja del trigo. Con una buena charla de ascensor, proyectará un profesionalismo confiado y conocedor. Con una mala charla, quedará con un palmo de narices como lo hacen tantos vendedores algo amateurs.

Utilizará su charla de ascensor casi cada vez que habla con alguien por primera vez. Esto podrá ser en una llamada fría o de cara a cara en un grupo de oportunidades/reunión para establecer conexiones, un evento de la Cámara de Comercio, o una reunión social.

Su charla de ascensor deberá despertar interés para hablar más con usted – no la quiere usar para vender su producto o servicio. Muy a menudo, los vendedores demasiado ansiosos creen que hay que hacer el trato ahora o nunca. Como resultado, su charla de ascensor más parece una charla de venta sobre ellos mismos, su empresa y su producto o servicio, y no una respuesta sincera a una pregunta. Si usa este enfoque, fracasará más de lo que triunfa, porque su cliente posible sentirá que lo está presionando o persiguiendo. A nadie le gusta sentir que le presionan o persiguen.

Este tipo de charla de ventas de ascensor ocurre porque muchos vendedores operan bajo la definición de ventas de «cierre el trato» que mencionamos en la Idea Ilusoria #1. Como resultado, creen que la charla de ascensor debe contestar la pregunta, «¿Qué hace usted?» Más bien, en realidad la charla de ascensor debe contestar la pregunta del cliente, «¿Qué problema me puede resolver?»

Consideremos algunas de las charlas de ascensor que hemos oído en el pasado:

**A.** «Hola, llamo_____y represento a la empresa _____de San Diego, CA. Ofrecemos una línea extensa de productos, accesorios y juguetes para piscina. Los niños adoran nuestro nuevo juego de voleibol. También ofrecemos bombas para piscinas, filtros para piscinas, y entrenamiento para nuestros clientes. Me encantaría reunirme con usted para mostrarle nuestras comparaciones de costos.»

**B.** «Hacemos diseño de paisajes. Tenemos el tiempo para su diseño. Permítanos hacer de su patio un sueño.»

**C.** «Somos un servicio de consultoría, especializados en la creación de una visión, formación de equipos, desarrollo de estrategias, y dinámica de interacción.»

Cada uno de estos tres ejemplos contesta la pregunta, «¿Qué hace usted?» (Y sí, ¡la rima en el ejemplo B es fatal!)

A los clientes posibles les importa el problema que usted les puede resolver. Realmente no les importa qué es lo que hace. Asegúrese de que su primera declaración informa a su cliente posible: Por qué debe invertir su tiempo en una conversación con usted. Eso es lo que más les interesa, así que dígaselos. Solamente tiene de 10 a 20 segundos. Empiece con los resultados que les brinda su oferta.

Volvamos a considerar cada una de las charlas de ascensor para aplicar este principio y descubrir unas ideas valiosas para crear su propia charla.

# Charla de Ascensor A

### Frase original:

«Hola, soy me llamo_____y represento a la empresa _____de San Diego, CA. Ofrecemos una línea extensa de productos, accesorios y juguetes para piscina. Los niños adoran nuestro nuevo juego de voleibol. También ofrecemos bombas para piscinas, filtros para piscinas, y entrenamiento para nuestros clientes. Me encantaría reunirme con usted para mostrarle nuestras comparaciones de costos.»

### Comentario:

Esta charla dice a gritos, «¡MÍREME Y LO QUE TENGO!» Este enfoque llamativo hace que los clientes posibles se retirarán porque envía el mensaje totalmente autocomplaciente de que «¡QUIERO SACARLE DINERO!»

Recuerde que los clientes quieren soluciones para sus desafíos.

Un exceso de información en muy poco tiempo puede proyectar una imagen de un hablador de poca confianza.

### Esta frase es mejor:

«Incrementamos el margen de utilidad para las empresas de piscinas, con el suministro de productos de alta calidad a costos reducidos de mayoreo.»

Note que empezamos con algo que capta la atención – «Incrementamos el margen de utilidad». Su cliente posible le ha de pedir más información.

### Consejo # 1

Empiece enfocado en las necesidades de su cliente. No ponga énfasis en sí mismo ni en lo que ofrece. Puede contestar estas preguntas más adelante.

### Consejo # 2

Resuelva el problema de su cliente.

### Consejo # 3

Debe ser lo suficiente breve como para decirlo con serena confianza.

### Consejo # 4

Recuerde que habla con una persona ocupada – llegue al grano.

## Charla de Ascensor B

**Frase original:**

*«Hacemos diseño de paisajes. Tenemos el tiempo para su diseño. Permítanos hacer de su patio un sueño.»* (¡Uf!)

**Comentario:**

Con lo malo que suena, sí hemos oído y leído frases como esta.

Las rimas suenan trilladas y amateures. Rara vez atraen la atención profesional que usted desea.

**Esta frase es mejor:**

*«Eliminamos el trabajo agotador de la jardinería y paisajismo, a un precio cómodo.»*

Aquí resaltamos el «dolor» del cliente posible – «eliminamos el trabajo agotador de...»

### Consejo # 5

Busca el dolor y resáltelo.

### Consejo # 6

Deje las rimas para sus cartas de amor.

## Charla de Ascensor C

**Frase original:**

*«Somos un servicio de consultoría especializada en creación de una visión, formación de equipos, desarrollo de estrategias y dinámica de interacción.»*

**Comentario:**

Esta frase no sólo presenta la oferta en lugar de la solución, lo hace de una manera complicada y confusa. Recuerde, hasta los directores ejecutivos (y todos los demás de la organización) son gente. Cualquiera que sea el cargo que tiene su contacto dentro de la empresa, aún así está hablando con un ser humano.

**Esta frase es mejor:**

*«Proveemos ideas nuevas y asistencia a las empresas que buscan mejorar la retención de clientes y reducir la rotación de empleados.»*

Esta frase establece una conexión fuerte porque ofrece ideas nuevas y asistencia para satisfacer una necesidad claramente definida.

### Consejo #7

Escoja palabras que conectarán con su cliente y aclaran su declaración de beneficio. Evita frases complicadas que pueden confundir o frustrar a su cliente posible.

### Consejo # 8

Las palabras como ideas, asistencia y mejorar crean valor y a menudo sintonizan con las personas que toman las decisiones.

Cuando prepara su frase o dos, recuerde que debe empezar con los resultados que su cliente posible desea lograr.

Es decir: prepare una charla de ascensor diseñada para...

*Buscar y ofrecer una solución para el problema sin resolver o necesidad sin satisfacer de su cliente.*

### Identificar las Palabras Propicias para su Charla de Ascensor

Puede identificar las palabras propicias para enfocar el «tema candente» de su cliente – su problema no resuelto o necesidad no satisfecha – si busca en dos lugares:

## 1. El éxito pasado que ha tenido

Cuando solicita comentarios y testimoniales de clientes pasados, ellos le ayudarán a saber qué es lo que la gente considera ser el producto o servicio más valioso que ofrece usted.

¿Qué problemas resuelve? ¿Por qué alaban su producto o servicio sus clientes pasados? Use entrevistas de salida, testimoniales, y comentarios de clientes para ayudarle a ver su oferta desde la perspectiva de sus clientes actuales (y por lo tanto, de sus clientes futuros).

## 2. Tendencias de la industria

La información y datos que saca de estudiar las tendencias actuales de la industria definirán mejor la importancia de sus ofertas y le ayudará a diferenciarse en el mercado.

Escuche lo que dicen Joe y Dawn sobre este tema:

Nuestro negocio brotó alas cuando pusimos atención a nuestros clientes pasados. Nos especializamos en el entrenamiento de ventas, contacto telefónico en vivo, formación de equipos, resolución de conflicto, etc. Ya que podemos trabajar en tantas situaciones diferentes y con una base tan amplia de clientela, luchamos al principio por definir en breve una declaración de valor para nuestra charla de ascensor.

A medida se desarrolló el negocio, leímos los testimoniales y comentarios de nuestros clientes. Dentro de poco, empezamos a notar un tema constante. Después de terminar nuestro entrenamiento, los empleadores reportaban más participación y productividad por los empleados.

En base a esta observación, creamos la declaración de valor (consigna, lema, etc.), que sigue: Alcance más con el personal que ya tiene. El carácter conciso de esta declaración de valor hace dos cosas. Da a las personas que toman las decisiones unas ideas que pueden entender, y soluciona un problema que muchos empresarios y gerentes buscan solucionar.

Con esta declaración de valor, preparamos esta charla de ascensor, «*Le podemos ayudar a lograr más con el personal que ya tiene*».

## Guión de CITA, Paso 2: Su invitación u oferta

En pocas palabras, puede llamar a la gente ó para concertar una cita ó para quitarlos de su lista de clientes posibles. Su invitación u oferta debe enfocar este objetivo. En la llamada telefónica, no quiere explicar todo, hacer su presentación de ventas, o cerrar la venta. Si su cliente posible tiene una necesidad que usted puede satisfacer, quiere obtener una cita. Nosotros pensamos que cada llamada telefónica debe terminar con uno de tres resultados específicos:

1. No califican para su oferta o no tienen interés en una charla más a fondo.

2. Concierte una hora confirmada para una conversación telefónica de seguimiento, o

3. Concierte una hora y lugar confirmadas para una reunión de cara a cara.

En nuestra experiencia, el envío de información adicional sin una conversación de seguimiento confirmada crea una situación en que el vendedor anda corriendo tras el cliente posible. Por eso, no incluimos esa opción como un resultado aceptable de la llamada telefónica. Si elabora correctamente su guión, y da seguimiento a su ejecución, logrará uno de los tres resultados viables casi cada vez que hace una llamada.

Una vez que se ha presentado, necesita explicar su oferta de una manera que tiene sentido para su cliente posible. Las ofertas complicadas confunden a la gente, y la gente confundida siempre dice «no». En las páginas que siguen, entramos en más detalle sobre cómo puede usted adaptar este paso para cada cliente. Por ahora, tenga en cuenta el concepto general de que la invitación debe ser bonita y breve. Por ejemplo:

- «¿Qué tal si concertamos una cita breve?»
- «Me gustaría ofrecerle una evaluación gratis de limpieza de sus instalaciones.»
- «Le llamo hoy para concertar una hora en que nos podemos reunir muy en breve.»

Use sus propias palabras, pero sea conciso. Por lo general, una llamada para ofrecer información no le acercará a una reunión. Puede tener lista información adicional por si acaso le pide, pero eso no debe ser el propósito de su llamada. Está llamando para *concertar una cita.*

## Guión de CITA, Paso 3: Combinar su Charla de Ascensor con la Invitación para así crear su Guión Escrito

Para fines de claridad, volvemos a expresar este punto: Ahorrará tanto tiempo como dinero si aprende a utilizar el teléfono de manera eficaz. Como parte de este proceso, promovemos y recomendamos altamente utilizar un guión personalizado para empezar su conversación con su cliente posible.

Hasta este punto, hemos tratado dos componentes de un guión general. Ahora, los combinaremos en lo que llamamos un guión personalizado. Mucha gente responde a esto con una mirada de confusión y preguntan: «¿Qué es un guión personalizado?»

Un guión general incluye los elementos claves que usted quiere hablar con cada cliente. Le guía para que pueda hacer contacto de modo efectivo y eficiente. Usted personaliza el guión cuando adapta su charla de ascensor y su oferta a las necesidades específicas (que descubre durante su investigación pre CITA) de cada cliente posible. Finalmente, uno quiere preparar un guión que suena natural y familiar, no forzado y formal.

A riesgo de sonar redundante, mencionamos la primera regla de las ventas efectivas:

*Céntrese en las necesidades de su cliente y no sus necesidades propias.*

Si lo hace, se destacará de todos los demás vendedores que visitan tanto a sus clientes actuales como a los posibles. Cuando llama para pedir una cita (especialmente en una llamada fría), quiere destacarse y atraer la atención de su cliente. Por eso, su guión debe reflejar el conocimiento que tiene de ellos y el interés que tiene en su situación.

El guión telefónico que sigue es bueno, pero podría ser mejor.

*«Hola, Sr. Sánchez, me llamo Juan Ríos. Soy Consultor de Instalaciones para la Empresa de Limpieza y Materiales XYZ. Nos especializamos en la reducción de costos de mano de obra y materiales para servicios de limpieza, a la vez mejorando*

*la apariencia y limpieza de su edificio. Nos sería un placer realizar una evaluación gratis de limpieza para ayudarle en su trabajo de mantenimiento de instalaciones. Le llamo hoy para concertar una cita breve con usted. ¿Tiene usted disponible su calendario?»*

**Los aspectos positivos de esto son:**

- la persona en el teléfono se presentó
- el guión empieza con la solución a un problema.

Lamentablemente, este guión suena forzado y formal, como los que usan la mayoría de los televendedores. No da ningún espacio para que hable su cliente. En lugar de crear una frase larga que lee a su cliente posible, le recomendamos crear un esquema de guión que le ayuda seguir en el tema y a la vez ser interesante. Cuando entabla una conversación guiada con alguien, empezará el proceso de conectar con ellos a un nivel personal.

Muchos vendedores tienen la tendencia de hablar sin parar, contando su historia sin ni siquiera respirar. Suenan como si temieran que el cliente les rechace antes de poder dar su charla de ventas. A menudo eso sucede porque quieren cerrar el trato. Cuando consideran más bien la resolución del problema del cliente, pueden hablar más despacio y relajarse. Le recomendamos usar este segundo enfoque.

Para que suene natural y no apurado cuando habla con sus clientes posibles, le recomendamos emplear un enfoque de discusión guiada en lugar de una montaña de información. Cuando sigue un guión de discusión guiada, se separará de los demás vendedores. Crea un esquema del guión de discusión guiada usando el flujo del método **CITA**.

**CONECTAR** con la persona en el teléfono

1. PRESÉNTESE (aquí es donde debe usar su charla de ascensor)

2. CONFIRME EL MOMENTO. Pregunte al cliente si le es conveniente hablar. Si dice que está ocupado, pregúntele cuándo le sería más conveniente. La gente distraída no pone mucha atención. Sea sensible a indicios de que el cliente suena estar ocupado. Sepa que los clientes del tipo S-alto a menudo dirán que está bien, cuando realmente no tienen tiempo para hablar.

3. ESTABLEZCA SU CREDIBILIDAD PERSONAL.

• Si tiene una recomendación, es ahora cuando la debe usar.

- José Fernández me pidió darle una llamada. (Débil)

- José Fernández dijo que usted es la persona con quien debo hablar. (Mejor)

- Acabamos de ayudar a José Fernández a reducir sus costos y él nos indicó que usted posiblemente querría obtener los mismos resultados. (Fuerte)

• Haga mención de una tendencia del mercado o una situación que es relevante a esta empresa específica. «Noté en su informe corporativo que mencionó su búsqueda activa de maneras de reducir el costo ...»

**INFORMARLE** del motivo de su llamada (contestar la pregunta no expresada, «¿Por qué me ha llamado?»)

Entable una conversación guiada con el cliente – es decir, una conversación que usted guía. ¿Cómo lo hace?

Simplemente haga una de las 10 preguntas que ha creado en su lista de **CITA**. Hasta donde le sea posible, personalice la expresión de sus preguntas para encajar con la situación de su cliente (industria, ubicación, número de empleados, etc.)

A medida mejora su capacidad para leer el estilo de personalidad del otro (Capítulo 11), puede también personalizar su enfoque en base al estilo de él. Es posible que no conozca el estilo de personalidad preciso de su cliente, pero puede tener alguna indicación por su investigación o contacto previo con él. Si tiene esta información, use las ideas a continuación para personalizar sus preguntas. Para el...

**D** **Cliente tipo D-alto** - haga preguntas directas, que van a los resultados finales

**I** **Cliente tipo I-alto** - haga preguntas amistosas, coloquiales; permítales a ellos hablar.

**S** **Cliente tipo S-alto** - use tonos de voz suaves para hacer preguntas no polémicas y espere su respuesta.

**C** **Cliente tipo C-alto** - haga preguntas que requieren respuestas de hechos (en lugar de sentimientos), no se ponga demasiado personal, y (al igual que los del tipo **S**), déjeles contestar.

Aunque en esta etapa de la conversación su meta es de contestar la pregunta no expresada que tienen, usted quiere ser la persona que realmente hace las preguntas.

**Recuerde este punto clave:** *La persona que hace las preguntas controla la dirección de la conversación.*

Si ha preparado preguntas buenas (y ejerce correctamente el paso que sigue), descubrirá el dolor que tiene el cliente y le mostrará el beneficio de invertir unos momentos con usted. Aunque no es necesario indicar específicamente el objetivo de su llamada, debe demostrarles valor por la manera en que hace sus preguntas y escucha las respuestas.

**TOMAR NOTA** de su respuesta

**1. TOME NOTA** de cómo contestan las preguntas que usted les hace. Para esto, usted tendrá que DEJAR DE HABLAR. En nuestra experiencia, la falta de destreza de escuchar hace más daño a los vendedores que casi cualquier otra cosa. Francamente, el escuchar toma más esfuerzo de lo que la mayoría quiere gastar. Cuando domina el arte de la escucha, ya no aceptará, sino generará, los pedidos de sus clientes.

**2. TOME APUNTES** – Ponga atención especial a los comentarios que hacen que pueden relacionarse a su oferta.

- ¿Experimentan alguna dificultad?

- ¿Qué inquietudes tienen?

- Qué es lo que más les frustra?

- ¿Acerca de cuáles elementos están apenas indiferentes?

- ¿Qué han intentado para tratar de rectificar esta situación?

- ¿Qué es su tono y ritmo de voz?

- ¿Son extrovertidos o introvertidos?

- Están más centrados en pensar (datos, números, resultados) o sentir (personas, quién le recomendó a usted, relaciones)? ¿Se orientan hacia las tareas o hacia la gente?

**3. SIGA LAS PREGUNTAS DE ELLOS** (según sea apropiado) con preguntas más específicas dirigidas al descubrimiento de su problema no resuelto o necesidad no satisfecho (su dolor).

El primer problema que menciona el cliente muy rara vez es su problema o dolor VERDADERO. Es probable que tenga que explorar un poco. Recuerde que no debe llegar a frustrar o molestarlos con demasiadas preguntas. Quiere concertar una cita, no hacer una presentación de ventas. Sólo necesita determinar si tienen un dolor que usted puede ayudar a eliminar. A este punto, no necesita cada detalle. Con sus preguntas, guíe la dirección de la conversación y déjeles a ellos establecer el tono en cuanto a la duración de la conversación.

Entramos en más detalle sobre el proceso de Exploración y Aclaración en **Rompiendo los Límites - Ventas en Persona**.

 **ARREGLAR** la reunión

1. OFREZCA su producto o servicio como modo de resolver el problema que mencionan, si es que en verdad resuelve su problema. De no ser así, tenga integridad. Cuelgue el teléfono y no ocupe más de su tiempo.

2. ¡CONCIERTE LA CITA! – Esto lo puede lograr ya sea:

• con una pregunta - «¿Qué tal si nos reunimos el viernes próximo para hablar más sobre esto?» o

• con una declaración - «Parece que nos debemos reunir para hablar más de esto.»

Base su selección de pregunta o declaración en el tono y la dirección de la conversación. Cómo lo hace no importa tanto como el acordarse de hacerlo. Si

califican para su oferta, concierte una fecha y hora fija
para volverse a reunir. Evitará casi por completo que
la persona cancele o no cumpla si dice algo como: "He
marcado mi calendario para el _____ Ahí estaré.
¿Está en firme esta cita? Estaré viajando una hora para
reunirme con usted.»

> **Advertencia:** De ser posible, evite concertar una reunión
> para un lunes. Estos son días de muchas cancelaciones.

A medida avanza por su guión, recuerde el poder de
hacer preguntas que captan a su cliente posible.

Joe tiene una historia muy buena que ilustra el valor de hacer
preguntas durante una llamada telefónica para explorar las
necesidades del cliente.

Me acuerdo de una conversación que tuve con el Vice
Presidente de Ventas de uno de mis clientes. Se escondía tras
una buena fachada, diciendo que todo iba bien con su equipo
de ventas. Casi terminé la llamada cortésmente para poder
hacer mi próxima llamada. Pero se me ocurrió que debía
seguir conectado y en conversación. Entonces, decidí hacer
preguntas más detalladas. Cuando le hice una pregunta sobre
el control de los territorios, de repente soltó, «El problema
con mi personal de ventas es que ¡a ellos les controlan sus
territorios! Malgastan el tiempo y gas corriendo por un lado
y otro.»

«¿Ah, sí?» le pregunté. «¿Qué métodos ha empleado para
corregir esta situación?»

En su respuesta, habló largo y tendido sobre las varias ideas
que había probado. Ninguna había sido efectiva.

Le permití desahogar por completo su frustración con este problema. Entonces le dije, «Me parece que lo que hago yo le podría servir en algo, ya que es una situación con la que he tenido mucho éxito en el pasado. ¿Qué le parece si fijamos una hora para reunirnos, para que le pueda presentar unas ideas? ¿Hay alguien más que quisiera usted tener presente en la reunión?»

Cuando descubrí su dolor y le ofrecí una manera de eliminarla, enseguida aceptó concertar una reunión.

Note la manera en que manejó esta situación Joe:

- Usó las preguntas con destreza para obtener una respuesta de dolor.

- Escuchó con paciencia.

- Utilizó palabras claves (ideas) para mejorar la probabilidad de recibir una respuesta positiva.

- Con confianza se fue de una conversación a concertar una cita.

- Preguntó sobre otras personas que podrían ser parte del proceso decisorio.

El ejemplo de Joe en la historia anterior demuestra claramente dos conceptos claves que ya hemos tratado. Primero, el valor de conocerse a sí mismo y lo que le suele impulsar hacia una respuesta descontrolada. Y segundo, el valor de prepararse antes de hacer la llamada.

Joe tiene un estilo de personalidad **D** muy fuerte. A Joe le puede crear estrés escuchar a la gente desahogarse de sus frustraciones porque él tiene el impulso de buscar resultados rápidos. Ha trabajado con diligencia para desarrollar la capacidad de controlar su deseo de empujar la conversación hacia una conclusión cuando los demás están hablando. La manera en que permitió a su cliente desahogar su frustración muestra el control propio increíble que ha desarrollado Joe. Al controlar su propia respuesta, formó una mejor conexión con su cliente y descubrió el verdadero problema de su cliente.

Ya que sabía a dónde quería que fuera la conversación y había practicado las destrezas por anticipado, sabía qué hacer cuando la conversación empezó a fallar. Utilizó un guión para empezar la conversación y luego una de las preguntas que utiliza para impulsar las conversaciones. Ya que se había preparado, pudo descubrir la necesidad de su cliente a pesar de la respuesta desinteresada inicial.

Una vez que descubrió la necesidad de su cliente, enseguida ofreció sus servicios como una manera de eliminar el dolor. No ofreció ninguna discusión extra y ninguna autopromoción excesiva. Simplemente utilizó una medida amistosa y profesional para concertar la reunión para hablar de ideas que podrían ser de ayuda a su cliente.

Cuando domina estos conceptos, al igual que Joe y Dawn, usted concertará más reuniones y hará más ventas. Por eso, le alentamos...

*...escribir un Guión de CITA*

**9**

# Prepárese para lo Inevitable – Las Objeciones

# Prepárese para lo Inevitable
# – Las Objeciones

Como un primer paso en la preparación para objeciones, escriba dos o tres diferentes variaciones de su charla de ascensor para ya tener listas diferentes formas de decir la misma cosa antes de ponerse en el teléfono. Para abordar las objeciones, necesitará diferentes maneras de decir básicamente la misma cosa. Cuando se tiene diferentes versiones de la charla de ascensor, uno está preparado para expresarse de otra manera o aclarar sus palabras si no sintonizó con el cliente su primer intento. Por ejemplo, Joe y Dawn podrían decir, «Ayudo a las empresas lograr más con el personal que ya tienen», O pueden decir, «Ayudo a equipos que luchan con cuestiones de comunicación.»

En cuanto al siguiente paso, prevea las posibles objeciones y planifique unas respuestas. Ya que sabe que habrá objeciones, debe prepararse por anticipado para abordarlos.

### Abordar las objeciones comunes a concertar una reunión

Si sus conversaciones abren de un modo que reduce las objeciones, usted logra mayor éxito en las ventas. Por ejemplo, cuando empieza con frases como:

- «He realizado una encuesta de algunos de sus clientes, y...»

- «He estudiado su sector comercial y ...»

- «En mi investigación sobre su informe trimestral me enteré de que ...» es menos probable que escuche:

- «No nos interesa.»

- «Estamos contentos con el servicio que recibimos al momento.»
- «No quiero echar a perder ni su tiempo ni el mío.»
- «Tiene algún material que me puede enviar?»

Si empieza la conversación de la manera correcta, la gente ha de sentir curiosidad por saber qué comentarios recibió usted de sus clientes o qué ha aprendido en el estudio de su sector comercial.

No obstante, aún si tiene una charla de ascensor bien pensada, un guión perfecto, y una técnica excelente de teléfono, todavía topará con alguna objeción cuando llama para concertar una reunión.

Se han escrito libros enteros sobre técnicas para superar las objeciones, entonces no es nuestro tema principal aquí. Sin embargo, hemos visto que cuando uno prevé las objeciones probables que puede enfrentar y planifica por anticipado un enfoque para abordarlas, su índice de éxito mejora.

A fin de compartirles unas ideas sobre cómo abordar las objeciones más comunes, hemos incluido a continuación algunas respuestas posibles. No decimos que esta sección cubre cada posibilidad, pero sí creemos haberles dado un entendimiento valioso para mejorar su éxito. En Rompiendo los Límites - Ventas en Persona tratamos en más detalle el manejo de las objeciones como parte del proceso de cerrar la venta.

### Principios generales para manejar las objeciones

Mientras lee estas respuestas posibles, tome nota de las ideas claves detrás de cada respuesta.

- Exprese aceptación de la perspectiva de su cliente posible discutir no le ayudará.

- Haga hincapié en que solamente quiere concertar una reunión breve – no más de 15 minutos.

- Cambie el enfoque de la objeción para que la reunión con usted les ayude de alguna forma – reiteramos, discutir no le ayudará.

Personalice su respuesta al cliente y a la situación. Las respuestas «enlatadas» suenan a enlatadas, y suelen irritar a la gente.

### Ideas Específicas para Manejar las Objeciones

Las personas informadas que toman decisiones pueden responder a su frase introductoria con una de las siguientes:

### 1. «¿Qué es lo que vende?»

Manténgase centrado en su declaración de beneficio! No repite automáticamente la lista de productos y/o servicios que ofrece. Use una de las variaciones de su charla de ascensor, como:

- Ayudamos a empresas que luchan con…

- Incrementamos el margen de utilidad …

- Ayudamos a las empresas reducir la rotación de personal…

- Trabajamos para racionalizar la eficiencia….

### 2. «No nos interesa.»

Primero, exprésese de acuerdo con ellos. Cuando usted da validez a su posición, es posible que estén más dispuestos a escucharlo. Trate de argumentar, y fracasará (de la peor manera). Podría decir algo como:

*Sr. Flores, entiendo que posiblemente no le interese al momento. La razón que me gustaría reunirme con usted es para darle unas pocas ideas que le podrían ayudar mientras hace crecer su empresa. Estaré en su área la semana que entra. ¿Podemos concertar una reunión de 15 minutos?*

-o-

*Sr. Flores, entiendo que al momento no le interesa. La razón que quisiera reunirme con usted es para compartirle una información que he aprendido en mi investigación y que le podrá ayudar en su esfuerzo por mejorar su renta. Estaré en su área la semana que entra. ¿Podemos concertar una reunión de 15 minutos?*

**3. «Envíeme la información.» O, «¿Tiene algún material que me puede enviar?»**

Esta declaración le puede dar una pista a su estilo de personalidad. Muchas personas de tipo S-alto que toman decisiones dirán algo así porque no le quieren decir que «no». Mucha gente de tipo C-alto que toma decisiones puede decir esto porque quiere aprender más sobre usted antes de cualquier reunión. La mayoría de las personas de tipo D e I que toman decisiones no lo dirán porque no quieren tomar el tiempo de estudiar su información. Ellos han de decidir enseguida si quieren o no reunirse con usted.

Para abordar esta objeción, trate de reorientar la conversación. Por ejemplo, podría explicar que su empresa se especializa en la personalización según las necesidades específicas del cliente. O podría explicar que en su experiencia, la información escrita no hará justicia a su empresa ni a la de ellos. Suponiendo que una o ambas declaraciones es cierta, podría entonces decirles que para evaluar con precisión su capacidad para ayudarlos, necesita el tipo de información que solamente puede obtener en una reunión de cara a cara. Luego reitere una versión de su guión. Por ejemplo:

*Sr. Flores, el fundamento de nuestro negocio es la especialización de nuestros productos para cumplir las necesidades de cada cliente. De hecho, tenemos tanta literatura sobre tantos diferentes productos, que no le sería de ayuda que yo le envíe información que quizás no le sea de valor. Si me podría dar 15 minutos de su tiempo, podríamos determinar qué información le debo dejar. Mi meta es de darle a usted exactamente lo que busca. Podemos consultar los calendarios y concertar una cita?*

#### 4. «Estoy demasiado ocupado.»

Si ha escrito correctamente su guión, solamente escuchará esta objeción de una persona que realmente está demasiado ocupado. Cada industria tiene sus temporadas de ajetreo. Normalmente, el fin de mes o fin de trimestre no es un momento oportuno para llamar a pedir una cita con una empresa de ventas al menor. Los distritos escolares están ocupados a principios y fines del año escolar. Las organizaciones sin fines de lucro y religiosas están más ocupadas en las épocas de fiestas.

Si recibe esta objeción, trátala con entendimiento y un recordatorio con tacto de que usted les llamó precisamente porque están ocupados. Explique que usted sabe que están ocupados y que del estudio que ha realizado de su industria sabe que estarán igual de ocupados, si no es más, en dos meses o dos años. Dígales que les quiere ahorrar tiempo, y es por eso que les convendría reunirse con usted dentro de las próximas semanas. Por ejemplo:

*Sr. Flores, yo sé que está ocupado. De hecho, es por eso que le llamo. Yo creo que nuestro_____le ahorrará tiempo para hacer_____para que no siga igual de ocupado de ahora en dos años. Si me puede dar quince minutos, le prometo que tendrá la información para decidir si le podemos ayudar a ahorrar dinero y aumentar su margen comercial. Si me quedo más de quince minutos será porque usted me ha pedido quedar. Consultemos nuestros calendarios para concertar una fecha.*

### 5. «No tenemos fondos en nuestro presupuesto. Llámenos más tarde.»

Es muy posible que esta afirmación sea cierta. Sin embargo, si espera demasiado para concertar una cita inicial, podrá encontrarse con que todavía no tienen el dinero porque se habían olvidado de usted.

Reconozca que es posible que les haya llamado a mediados de su año fiscal, y que no están preparados para esta oportunidad. Nuevamente, exprese aceptación. Ayúdeles a admitir que a menudo las empresas no tienen suficiente dinero en el presupuesto para las cosas que realmente necesitan. Entonces, explíqueles el beneficio de reunirse ahora en vez de más tarde. Si su producto o servicio les ahorrará tiempo o dinero a largo plazo, dígaselos. Sus testimoniales de otras empresas a menudo ayudarán en esta situación. Por ejemplo:

*Sr. Flores, entiendo completamente. Yo sé que están en plena mitad de su año fiscal, y no tenían planificado este gasto. De hecho, muchas de las otras empresas que hemos ayudado estaban en la misma situación cuando empezaron su relación con nosotros. En muchas de esas otras situaciones, encontramos que era necesario empezar el proceso de planificación mucho antes de que empezara el año fiscal para poderles ayudar a resolver_____. ¿Por qué no nos reunimos para ver de manera específica lo que necesita usted y yo así le puedo preparar una cotización? De esa forma, tendrá una idea precisa de cuánto deberá presupuestar el año que entra.*

Para que este enfoque sea realmente impactante, puede citar en este ejemplo una historia de cliente específica en lugar de hacer una declaración general.

### 6.   «Ya trabajamos con la compañía X.»

Esta objeción tiene la posibilidad de cortarle las alas. No permita que lo haga. A menos que su empresa tiene un producto o servicio exclusivo, es probable  que su cliente posible esté tratando con alguien más.

Indique que sí, la empresa X es una excelente compañía, y luego explique los beneficios que usted les puede ofrecer que lo distinguen de ellos. Los testimoniales pueden servir aquí. Si puede ofrecerles algo que la empresa X no ofrece, es posible que pueda abrirse paso para formar una relación más estrecha con el cliente. Por ejemplo:

*Sr. Flores, lo que hace la Empresa X, lo hace muy bien. De hecho, algunos de mis otros clientes también trabajan con ellos, por ciertos de sus productos. Creo que nosotros tenemos unos productos/servicios especializados que mejorarán sus resultados finales. Sr. Flores, ¿valdría quince minutos de su tiempo ver si nosotros les podemos ayudar?*

**7. «No quiero echar a perder ni su tiempo ni el mío.»**

Es probable que escuche este comentario cuando su frase introductoria no acierta con el cliente. Entonces, cambie el enfoque y trate de nuevo. No se olvida de mostrarse de acuerdo con ellos. Puede decir algo como:

*Sr. Flores, estoy de acuerdo con usted en cuanto a la pérdida de tiempo. A mí tampoco me gusta mal gastar mi tiempo. De hecho, lo llamé porque creo poderle ahorrar tiempo y dinero y mejorar sus márgenes comerciales del futuro. Simplemente quiero reunirme con usted para ver si así es. La investigación de mercado que realicé indica que le podemos ayudar a ahorrar tiempo y dinero. ¿Le valdría quince minutos de su tiempo para ver si podemos ayudar a su empresa?*

Usted puede (y debe) modificar cada uno de estos enfoques según lo que entiende acerca de su cliente posible, en base a su conocimiento del **Modelo de Comportamiento Humano**. Tratamos este tema en más detalle en **Rompiendo los Límites - Vender en Persona**. Pero por ahora, le animamos a...

*...prepararse para las objeciones*

# 10

# Practicar el Guión de CITA

# Practicar el Guión de CITA

Para sentirse cómodo con el guión, practíquelo antes de usarlo en una llamada telefónica en vivo.

La perspectiva de Joe sobre practicar el guión de **CITA**:

Para practicar su guión de llamada, recomiendo leerlo en voz alta con una grabadora. Puede usar su correo de voz, grabadora digital, o PDA. Una vez que lo ha grabado, puede escuchar sus inflexiones, pausas, y volumen. Cuando escucha su grabación le ayuda oír lo que oye su cliente, para así poder hacer cualquier ajuste a su entrega. Este paso puede mejorar de gran manera su curva de aprendizaje.

Cuando ya está cómodo con el flujo del guión y lo ha practicado en privado varias veces, haga juegos de roles con otra persona. He realizado suficientes sesiones de estas como para saber lo que muchos de ustedes han de pensar en este momento. La gente extrovertida (tipos **D** e **I**) ha de pensar, «¡Qué pérdida de tiempo! ¿No podemos simplemente empezar?» La gente reservada (tipos **C** y **S** ) ha de pensar, «No sé si quiero hacer esto con otra persona. Me incomoda la idea.» Recuerde – replantee su temor, aprensión, o escepticismo de una forma que le motiva hacer lo que debe hacer. Una manera de replantear ciertas dudas comunes:

**D** **D-altos** – «Si bajo el ritmo lo suficiente como para practicar, mis llamadas tendrán mejores resultados.»

**I** **I-altos** – «Si me centro lo suficiente como para practicar, me divertiré más con la gente cuando estoy en el teléfono.»

**S** **S-altos** – «Si estoy dispuesto a practicar este guión con otra persona, me sentiré más cómodo con el guión y sabré qué esperar cuando llamo a los clientes.»

**C** **C-altos** – «Si me siento con otra persona por unos minutos y le permito darme su reacción, estaré mejor preparado para hacer estas llamadas correctamente cuando realmente cuentan.»

Lo fundamental es (si, les hablo como un **D**), en toda mi experiencia de entrenamiento de ventas, jamás he visto a alguien que no mejoró la eficacia de sus llamadas luego de practicar con juego de roles antes de usar su guión. Sea cual sea su nivel previo de experiencia, el juego de roles con el guión le puede ayudar a mejorar – especialmente si no ha utilizado los enfoques adaptivos que recomendamos.

He visto que la práctica con juego de roles le puede ayudar a relajarse con el guión y adaptarlo al cliente una vez que esté en el teléfono. A menudo en mis sesiones de entrenamiento, tomo la parte del cliente para ayudar a los vendedores practicar su parte. Como mínimo, recomiendo hacer juegos de roles alternados con otro vendedor antes de ponerse en el teléfono con un cliente posible.

Para sacar el mayor provecho del juego de roles, cada uno debe hacer unas preguntas y objeciones difíciles para que se acostumbrarse a contestarlas en un ambiente controlado. También recomiendo que la persona que juega el papel de cliente adopte diferentes características de personalidad para que la persona que hace la llamada pueda practicar adaptarse al cliente. (Más adelante entraremos en detalle sobre la adaptación a los diferentes clientes.)

Mucha gente tiene pavor al juego de roles porque temen una humillación pública. De hecho, yo también lo tenía pavor antes. He aprendido que si se hace de forma simpática y divertida, desvanecerá el pavor y podrá prepararse para el éxito. Durante esta sesión debe evitarse criticar mucho al otro. El objetivo del juego de roles es de fomentar la confianza y ensayar las destrezas adaptivas que tratamos más adelante.

Una vez que está cómodo con el guión, haga los juegos de roles. Mejorará sus resultados de forma radical.

Por eso, le alentamos...

### *...practicar su Guión de CITA*

*«El éxito...parece tener conexión con la acción. Los hombres logrados siguen adelante. Cometen errores, pero no se dejan vencer.»*

*- Conrad Hilton*

**11**

# Formar una Buena Relación -Vinculando los Lazos Rotos de la Confianza

Joe y Dawn Pici

# Formar una Buena Relación - Vinculando los Lazos Rotos de la Confianza

En cuanto se comunica con alguien por teléfono, enseguida debe superar el escepticismo que ha de sentir. Pueden ser personas por naturaleza escépticas, pero es más probable que aprendieron a ser escépticos por experiencias pasadas con otros vendedores que utilizan el enfoque a las ventas de «cierre el trato». Entonces, ¿cómo puede superar el escepticismo? Recomendamos tratar de hacerse percibir de una forma que invita a su cliente posible encontrarle simpático para así compenetrarse con él.

Como profesional de ventas, es posible que ya haya oído que debe compenetrarse con sus clientes. Para estar seguros de partir de un mismo entendimiento de este concepto, empezaremos con unas definiciones y observaciones.

*El Diccionario de la Real Academia Española* define la compenetración como:

*Dicho de dos o más personas: Identificarse en ideas y sentimientos.*

Los vendedores eficaces saben cómo compenetrarse con sus clientes y clientes posibles. Entienden esta regla general:

*Solemos conectar con y simpatizar con las personas que se asemejan a nosotros.*

A la larga, uno quiere llegar a la fase de compenetración con sus clientes. Sin embargo, no ha de alcanzar ese nivel de conexión con la primera conversación telefónica. Durante la llamada de ventas, busque establecer una conexión amistosa para que tenga la oportunidad de reunirse con su cliente posible. La primera venta que hace será la venta que le gana la cita. Cuando usa el teléfono, sólo tiene unas pocas oraciones con que formar esta conexión. Recuerde, la mayoría de las decisiones – especialmente en relación con las compras – se basa en las emociones primero y después en la lógica. Si forma una conexión con su cliente posible por teléfono, podrá concertar más reuniones. Cuando concierta más reuniones, hace más ventas. Por eso, debe desarrollar la destreza de conectar con la gente por teléfono.

Note que utilizamos la palabra «destreza» para describir esta capacidad. Cada estilo de personalidad tiene tanto fuerzas que le ayuda a formar conexiones, como puntos ciegos que limitan su capacidad para conectar con otros. Sea cual sea su estilo de personalidad, puede aprender la destreza de conectarse con la gente. Una vez que forma una conexión, puede entonces dedicarse a la compenetración.

El proceso de compenetración varía según la persona, pero sí notamos algunas tendencias. Podemos examinar el proceso desde dos perspectivas distintas: orientación hacia las tareas y orientación hacia las personas. El proceso de compenetración sigue el flujo general de abajo.

**Proceso de Compenetración**

A medida pasan de una conexión inicial a un estado de compenetración, las personas orientadas hacia las tareas suelen seguir estos pasos.

**Conexión => Confianza => Relación => Compenetración**

Las personas orientadas hacia la gente suelen seguir los mismos pasos, pero en diferente orden.

**Conexión => Relación => Confianza => Compenetración**

Debemos las gracias por nuestro entendimiento del proceso anterior a Jean Brun – nuestro experto de Análisis de Síntomas de Comportamiento. Escucharemos más de Jean (nosotros lo conocemos como JJ) en **Rompiendo lo Límites - Ventas en Persona**. Fácilmente podríamos dedicar un capítulo entero al proceso de compenetración, pero no es nuestra intención hacerlo aquí. Por ahora, veamos qué entendimiento inicial podemos sacar del proceso general de compenetración.

Primero, note que la compenetración siempre empieza con una conexión. En la fase de conexión, su cliente posible empieza a pensar (si es orientado hacia las tareas) o sentir (si es orientado hacia la gente) que usted le cae bien. Más probablemente, este pensamiento o sentimiento comenzará porque ven en usted algo de ellos mismos. Recuerde la regla general:

*Solemos conectar y simpatizar con las personas que se asemejan a nosotros.*

Los próximos pasos en el proceso dependen del impulsor principal del cliente posible.

**Compenetración con Personas Orientadas hacia las Tareas**

Para la mayoría de las personas orientadas hacia las tareas, su primer pensamiento en el proceso de la compenetración, luego de formar la conexión, tiene que ver con la confianza. Cuando le miran a usted, a menudo se hacen estas preguntas:

- «¿Puedo confiar en que esta persona cumplirá con sus promesas?»
- «¿Puedo confiar en la información de esta persona?»
- «¿Puedo confiar en que esta persona es honesta y veraz?»
- «¿Puedo confiar en que esta persona respetará mi tiempo?»
- «¿Puedo confiar en que esta persona será lógica?»

Una vez que deciden que sí le pueden confiar, es más probable que profundicen la conexión inicial, hasta la fase de relación. De la fase de relación, es posible que estén dispuestos a pasar al nivel más profundo de compenetración.

**Compenetración con Personas Orientados hacia la Gente**

Para la mayoría de las personas orientadas hacia la gente, su paso siguiente en el proceso de la compenetración, luego de establecerse una conexión, brotará de cómo se sienten acerca de usted. Para determinar si pueden pasar a un nivel de relación amistosa con usted, pueden hacerse preguntas como:

- «¿Le importo a esta persona?»
- «¿A esta persona, realmente le caigo bien?»
- «¿Me siento bien acerca de esta persona?»
- «¿Cómo trata esta persona a los demás?»
- «¿Me pondrá atención esta persona?»

Una vez que deciden que sí se sienten bien con usted, verán cómo se desarrolla la relación (cómo interactúa usted con ellos y con los demás) para decidir si lo pueden confiar. Cuando llegan a la fase de confianza, es posible que estén dispuestos a pasar al nivel más profundo de la compenetración.

El proceso de compenetración tiene muchas implicaciones que están fuera del alcance de este libro. Por ahora, sólo buscamos ganar un entendimiento inicial a lo que realmente ocurre en este proceso y reconocer que el proceso cambia de persona en persona, según su mezcla de características orientadas hacia las tareas o la gente.

Para los fines de este libro, queremos introducir el concepto del proceso de compenetración y darle un poco de información de fondo para sus sesiones telefónicas de **CITA**. El proceso de compenetración tiene mayor significado en las reuniones de cara a cara de lo que tiene en una breve conversación telefónica. Ofrecemos la información aquí para que tenga un punto de partida para entender las diferentes perspectivas que a menudo asume la gente con respecto a la compenetración.

Creemos que usted debe notar el flujo para que pueda mejor entender la perspectiva de su cliente. Pero por ahora, queremos dirigir su atención al primer paso del método **CITA** y el primer paso de compenetración – la CONEXIÓN con la persona en el teléfono.

### Formar una Conexión

Durante su llamada telefónica inicial, es probable que solamente tenga unos pocos segundos de interacción. Entonces, ¿qué hace? De ninguna manera podrá evaluar la combinación precisa de estilos de la persona en el otro teléfono en tan poco tiempo. Por eso, le recomendamos poner atención y responder a lo que escucha en la voz de la otra persona. Esto se hace en dos pasos.

## Paso 1 a la Conexión: Estar pendiente del ritmo y volumen vocal

Si habla rápidamente y con volumen, es probable que sea más extrovertido. Si habla lenta y suavemente, es probable que sea más reservado. Si el ritmo y volumen del otro es similar al ritmo y volumen natural suyo, pues fantástico. Es probable que se conecten bastante bien. Si nota que su propio ritmo y volumen de hablar es distinto al del otro, trate de adaptarse a su ritmo y volumen.

Para formar una conexión rápidamente, practique la adaptación al humor, tono, velocidad y volumen de su cliente posible. Cuando la gente se oye a sí misma en su voz, suele sentir simpatía hacia usted.

## Paso 2 a la Conexión: Decida si son orientados hacia las tareas o la gente

Una vez que adivina si son más extrovertidos o más reservados, entonces debe tratar de determinar si son más orientados a las tareas o a la gente. Es posible que esta diferencia no sea inmediatamente obvia. Por eso, lo que recomendamos es esto: basarse en las probabilidades. *Suponga inicialmente que son orientados hacia la gente y busque una conexión emocional.*

Recomendamos empezar con palabras de sentimiento y no de pensamiento, porque la mayoría de sus clientes han de ser más orientados hacia la gente que hacia las tareas. Si continúa mucho su conversación, también puede tratar de detectar el impulsor principal de su cliente posible.

La **gente orientada hacia las tareas** suele decir cosas como:

- «Yo creo que …»
- «A mí me parece que …»
- «¿Cómo puedo obtener más información sobre …»

Los **tipos orientados hacia la gente** suelen decir cosas como:

- «Siento que …»
- «No estoy cómodo con …»
- «¿Con quién más podría hablar de …»

Mucha gente pregunta, «¿Qué pasa si son orientados hacia las tareas y uno empieza la conversación con palabras de sentimiento? No perderá la conexión al suponer que son personas orientados hacia la gente?» La respuesta en breve es: probablemente no.

Si su orientación principal es hacia las tareas, es muy probable que tengan una característica secundaria fuerte orientada hacia la gente. Por eso, la probabilidad es baja de que los vaya a irritar por intentar una conexión en base a los sentimientos. De hecho, si su carácter es muy orientado hacia las tareas, posiblemente ni se dé cuenta de que usted usó un enfoque emocional, de sentimientos. Si entonces nota alguna falta de conexión, simplemente cambie sus palabras a una base de pensamiento/tareas. El punto es esto – comience la conversación con las probabilidades a su favor y luego adáptese como sea necesario.

Si usted conoce a la persona a quien llama, por supuesto debe proceder en base a lo que sabe de él y adaptar su enfoque como corresponde. La sugerencia de arriba supone que uno no conoce a la persona. En base a las probabilidades (el 65% de las personas son orientados hacia la gente), acertará más de lo que fallará, si primero emplea la emoción.

En resumen, lo que ha de notar en sus conversaciones telefónicas es:

**D**

**Clientes tipo D-alto** – charla corta, directa, con poca conversación trivial, probablemente decisivo y pronto para expresar una opinión.

**I**

**Clientes tipo I-alto** – charla amistosa, expresiva, probablemente listos a conversar libremente.

**S**

**Clientes tipo S-alto** – charla amistosa, suave, probablemente escuchan más de lo que habla.

**C**

**Clientes de C-alto** – charla corta, precisa, es posible que le hagan más preguntas en lugar de expresar su propia posición; han de ejercer cautela con respecto a los compromisos.

Como ve, no hace falta ser un genio. Simplemente debe estar consciente de las diferencias y adaptar sus comportamientos según corresponde. Ponga atención a las palabras que usa su cliente posible, sus tonos de voz y ritmo de habla, y luego adapte los suyos a los de él.

Esta información le ayudará a adaptar sus conversaciones telefónicas y enfocar sus presentaciones de ventas para abordar las necesidades e inquietudes de su cliente.

Cuando entiende su propia mezcla de estilos, y aprende a identificar la mezcla de estilos de su cliente, podrá comunicar más efectivamente y conectar con la gente con más frecuencia.

**Nota:** Usted puede usar juegos de roles para desarrollar sus destrezas en el área de identificar el estilo de personalidad de su cliente posible. Si hay otros integrantes de su equipo con diferentes estilos de personalidad, puede pedir que le ayuden a entender cómo adaptarse a los clientes que comparten sus estilos. Usted también les puede ayudar a que entiendan cómo adaptarse a clientes del estilo suyo.

**Punto muy importante:** El adaptarse para encajar con el estilo de otra persona puede ayudar a formar una conexión, pero jamás debe tratar de duplicar un acento regional o nacional. Es probable que suene como una burla de ellos y eso le daría un resultado negativo.

12

# Consejos de Teléfono
# Para Cada Estilo

# Consejos de Teléfono
# Para Cada Estilo

Consejos de Teléfono para el Vendedor de estilo D-alto

Si usted es un profesional de ventas de estilo **D**-alto, ¡use esta sección para lograr mejores RESULTADOS!

**Los retos más grandes que le presentan las llamadas telefónicas pueden ser:**

- Estar demasiado seguro de sí mismo – puede hacer caso omiso a los aportes de entrenadores, gerentes, y otros vendedores.

- Un deseo de trabajar a solas- puede salirse del área comun para estar a solas durante una sesión de llamadas.

- Resistir el uso de un guión

- Dar la impresión a los clientes posibles de ser demasiado prepotente o agresivo.

Su deseo de lograr resultados le servirá bien. Acuérdese de centrarse primero en las relaciones y segundo en las tareas y alcanzará éxito. Su energía y centro le impulsarán a grandes alturas cuando balancea su deseo por los resultados con una sensibilidad hacia la gente.

**Si es un D-alto, para mejorar su éxito en las llamadas:**

- Esté abierto a la ayuda de personas cuyo estilo es diferente al suyo.

- Permanezca con el equipo. Es posible que aprenda algo de otra persona.

- Entienda que los vendedores que logran los mejores resultados siguen el guión.

- Utilice tonos vocales más suaves, menos intensos. Recuerde que sólo un 10% de la población es como usted. Eso significa que el 90% de la gente a quien llama no tendrán su misma intensidad.

## Consejos de Teléfono para el Vendedor de estilo I-alto

Si es un profesional de ventas **I-alto**, esta sección ¡ES SOBRE USTED! ¡Utilice esta sección para DIVERTIRSE más!

**Los retos más grandes que le presentan las llamadas telefónicas pueden ser:**

- No distraerse – es posible que entre en conversaciones con otras personas en la sala.

- No alargar las llamadas telefónicas – es probable que le gusta hablar.

- Organizar su lista de llamadas – le puede presentar un reto centrarse para incluir todo en una sola hoja de papel antes de la sesión de llamadas.

- Luchar contra el deseo de mezclar las llamadas personales con las llamadas de negocio.

Pero una vez que logra centrarse, ¡ojo ahí! Ha de proyectar gran confianza y entusiasmo. Conectará con mucha gente naturalmente, gracias a su nivel de energía. Debe poner atención a la reacción de su cliente posible. La misma energía que le ayuda con mucha gente podrá frustrar a un cliente tipo C-alto. Cuando se toma el tiempo de poner atención a la persona en el otro teléfono, debe poder adaptar su estilo con cierta facilidad. A la mayoría de la gente le gusta hablar con los del tipo **I-alto**.

**Si es un I-alto, para mejorar su éxito en las llamadas:**

- Organícese antes de hacer la llamada. Asegúrese de que su lista sea realmente una lista (no una colección de tarjetas de notas y de presentación, y notas adhesivas.) Si puede hacer muchas llamadas rápidamente y luego pasar a algo aún más divertido, ¡se sentirá bien acerca de si mismo!

- Prémiese con algo durante la sesión de llamadas telefónicas. Por ejemplo, puede comprarse una bolsa de su dulce o golosina favorita y premiarse con un trozo después de cada cinco llamadas.

- No se olvide de tener cargado y listo a su teléfono celular.

- Deje la charla trivial con compañeros de trabajo para después.

## Consejos de Teléfono para el Vendedor de estilo S-alto

Si usted es un profesional de ventas de estilo **S-alto**, un entendimiento de esta sección le ayudará a SENTIRSE MÁS CÓMODO con el sistema **Rompiendo los Límites**.

**Los retos más grandes que le presentan las llamadas telefónicas pueden ser:**

- Empezar – es posible que tenga recelo hasta no sentirse cómodo con la forma de hacer las llamadas. Es posible que las personas de afuera interpreten este recelo como resistencia.

- Sentirse que está molestando o interrumpiendo a la gente a quién llama. Es posible que haga excusas como «Ya casi es hora de comer, no le quiero molestar ahorita», o «Es muy temprano, no lo quiero llamar justo cuando entran a la oficina». Sabemos que para usted esta inquietud es muy real porque suele percibir las inquietudes de los demás.

- Hablar por teléfono con una voz muy suave. Donde los del estilo **D**-alto pueden percibirse como agresivos, usted puede proyectar una falta de confianza.

- Superar el temor de lo inesperado. A la vez, puede estar siempre preocupándose por no hacer llamadas a números equivocados, recibir respuestas inesperadas, o hablar con alguien que no es con quien pensaba hablar.

Si ha visto la película *Seabiscuit*, tendrá una buena imagen mental de este estilo en acción. *Seabiscuit* (el caballo en la película) empezó lentamente y luego salió desde atrás para ganar. Si usted tiene características **S**-alto, puede que se desempeñe como Seabiscuit – con un inicio lento y un final fuerte. Puede o no ser estrella en el grupo de ventas al momento, pero puede convertirse en estrella sin importar dónde empieza el proceso. Una vez que tiene una imagen mental clara de CÓMO empezar, utilice su carácter serio para seguir adelante hasta terminar el trabajo.

**Si es un S-alto, para mejorar su éxito en las llamadas:**

- Distinguir entre las dudas del momento y los fracasos del pasado. Es posible que si en el pasado sólo ha tenido experiencias negativas usted no crea en su capacidad de triunfar en las llamadas telefónicas. Cuando está centrado en sus fracasos pasados, crece el temor que produce sus dudas del momento. Todos tienen ciertas dudas. La estructura del Sistema de Ventas al Desnudo reducirá el riesgo de repetir sus fracasos o frustraciones pasados. Confíe en el proceso, y puede superar sus dudas.

- Incrementar el volumen y ritmo de su voz. Sonará más confiado y amigable. Ya que ha de tener un porte natural suave, no debe preocuparse por sonar agresivo o prepotente.

- Centrarse en la manera en que su producto o servicio puede ayudar a su cliente posible. Recuerde – no les está molestando con una llamada de ventas, les está ofreciendo su ayuda.

- Entender que hay ciertas personas que simplemente no se reunirán con usted. Cuando rechazan su oferta, no le están rechazando a usted.

## Consejos de Teléfono para el Vendedor de estilo C-alto

Si usted es un profesional de ventas tipo **C-alto**, esta sección le dará la percepción y entendimiento que le servirán en su esfuerzo por sacar más VALOR del tiempo que invierte en el proceso de ventas.

**Los retos más grandes que le presentan las llamadas telefónicas pueden ser:**

- Sobre análisis de cada llamada y respuesta. Este sobre análisis puede resultar en parálisis – el no hacer nada. Puede presentarse como una autocrítica extrema. Usted tiene estándares increíblemente altos; hasta los errores pequeños le pueden parecer fracasos mayores.

- Reflejar sobre hacer las llamadas en lugar de hacerlas. Llevado al límite, su carácter meticuloso, orientado hacia los planes, puede impedirle empezar. Puede manifestarse este problema de varias maneras. Si usted cree que debe poner su lista de llamadas en orden alfabético, reorganizar su área de trabajo, o volver a redactar su guión antes de hacer las llamas, este puede ser su reto.

- Interactuar con la gente por teléfono. Es posible que prefiera trabajar a solas, por cuanto le puede incomodar hablar con alguien por teléfono. Su deseo de dar la frase introductoria perfecta le puede hacer vacilar... indefinidamente.

- Sonar a los clientes posibles como frío (emocionalmente) o aburrido. Si usted es igual a muchas personas con características C-alto, es posible que tenga una voz que por naturaleza es calmada y consistente (a veces hasta el punto de ser monótono). Sus clientes posibles podrán interpretar esta tonalidad vocal como una falta de interés o atención.

Una vez que supera estos retos, puede lograr gran éxito en las llamadas. Cuando redacta un guión en que confía, su deseo intenso y concentrado de ser constante le dará resultados. Aprenda a usar su objetividad para separar su oferta de su identidad, para desviar una respuesta negativa. Cuando hace esto, puede ver una respuesta negativa de un modo que no es una crítica de usted o su rendimiento. Su capacidad de planificar e investigar le puede ayudar a abordar cualquier objeción fácilmente.

**Si es un C-alto, para mejorar su éxito en las llamadas:**

- Separe su identidad de los resultados de las llamadas individuales. El Sistema de Ventas al Desnudo aumenta la probabilidad del éxito; no garantiza el éxito en cada llamada. No permita que ninguna respuesta individual a su oferta le impida continuar.

- Preparar por anticipado para ponerse en movimiento y luego hacer las llamadas. Después de una respuesta negativa, ¿adaptarse para mejorar los resultados? Sí. ¿Empezar en cero y volver a planear su enfoque entero? ¡No!

- Buscar una buena frase introductoria y usarla. No necesita ser la frase introductoria perfecta.

- Sonreír cuando habla por teléfono. Sí, sabemos que su cliente posible no lo puede ver, pero sí lo pueden oír. Cuando sonríe, cambiará su tono de voz y sonará más simpático y bondadoso.

# 13

# Llamar para la CITA

# Llamar para la CITA

Hemos llegado ya al momento de llevar a la práctica todo lo que ha aprendido. Es hora de hacer unas llamadas telefónicas. A medida lee esta sección y se prepara para tomar acción, acuérdese de lo que representa la llamada de **CITA**:

**C**    **CONECTAR** con la persona en el teléfono

**I**    **INFORMARLE** del motivo de su llamada.

**T**    **TOMAR NOTA** de su respuesta

**A**    **ARREGLAR** la reunión

### Sesiones de Llamadas Telefónicas

De ser posible, le recomendamos programar sesiones de llamadas en grupo en lugar de trabajar a solas. En un entorno de grupo se crea más energía positiva y entusiasmo. Como resultado, se conciertan más reuniones.

Consejos para Mejorar sus Sesiones de Llamadas:

La primera vez que programa una sesión de llamadas permita un espacio de 3 a 4 horas. Cuando ya está más cómodo con el guión y tiene más práctica en el trato de las objeciones, puede trabajar en incrementos regulares de 30 a 45 minutos.

Programe la sesión de llamadas en una sala de tamaño suficiente para que cada persona tenga una mesa. No quiere que la sesión de llamadas suene como si originara de un centro de telemercadeo. Sin embargo, en un entorno de grupo hay una sinergia eléctrica. Asegúrese de que la gente tenga suficiente espacio como para trabajar.

En un lugar donde todos lo pueden ver ponga un cuadro de seguimiento. El cuadro debe incluir las siguientes categorías:

- Número de llamadas
- Número de citas
- Número de llamadas que hay de devolver
- Número de «no's»
- Número de mensos

**Nota:** Empleamos la palabra «menso» solamente para dar un tono menos grave al tema, no para calificar a la gente. Esta categoría será con mucho la más pequeña. Debe reservarla para aquellas llamadas que implica gente realmente grosera o repelente. Estas son las llamadas que más temen y menos experimentan los vendedores. El llevar un registro de estas llamadas ofrece dos beneficios:

Demuestra lo realmente poco común que son estos incidentes.

Ayuda al grupo reírse para eliminar cualquier efecto negativo que pueda tener la experiencia mala para la persona que llama.

Todos los presentes deben tener una lista de llamadas **CITA** con un mínimo de 50 a 75 nombres y números.

Fije una meta para el número de citas que concertará el grupo. Crea un ambiente de equipo.

Todos los presentes deben aceptar:

- Seguir su guión al máximo grado posible.
- Continuar sentados hasta hacer por lo menos 10 llamadas (es aún mejor con 15).
- Evitar conversaciones largas. Recuerde, quiere concertar citas, no charlar.
- Divertirse y apoyarse mutuamente.

**Ideas claves que debe tener en cuenta cuando llama para pedir citas**

Probablemente, su cliente posible se motivará más con la eliminación del dolor que con la ganancia de algo. Por ejemplo, es más probable que actúe para deshacerse de olores que para dar un olor fresco a un edificio. Durante la llamada, esté atento a las palabras que revelan su desagrado o dolor. Esté listo para vender una solución a un problema en vez de un producto o servicio.

Siempre debe estar de acuerdo con sus clientes. Cuando hacen una objeción o una pregunta, antes de decir nada más, exprese apoyo para su perspectiva. Una vez que ha expresado acuerdo con su inquietud o desagrado, recomiende que le permitan evaluar su problema más a fondo para que juntos puedan encontrar una solución.

En realidad, usted no está en un negocio de cumplimiento de productos o entrega de servicios. Está en el negocio de eliminar dolores. Busque el dolor que quieren eliminar, y luego ofrézcales una solución para ese dolor.

Joe tiene una historia excelente que ilustra este punto:

> Me acuerdo de un vendedor (lo llamaré Miguel), que recién
> había empezado en las ventas y estaba nerviosamente
> haciendo llamadas frías. Miguel balbuceaba y farfullaba
> durante todo su guión muy mediocre. Durante sus llamadas,
> volvía repetidamente a consultar sus notas y decía lo mismo
> una y otra vez. ¡Era realmente fatal! Tan fatal que todos en la
> sala hicieron una pausa, escucharon y empezaron a reírse en
> voz alta. Qué sorpresa, que con el tiempo hasta logró concertar
> una cita. Todos estaban asombrados. Me acuerdo haber
> pensado, «Quizás no es necesario ser bueno... ¡simplemente
> hay que hacerlo!»

> Y aquí está lo fantástico. Con el tiempo, el cliente posible de
> esa llamada llegó a ser uno de los clientes más leales de Miguel.
> A lo que se redacta esta historia, han mantenido una excelente
> relación profesional por más de ONCE años. También se han
> convertido en grandes amigos.

> Un día, Miguel comentó a su amigo y cliente sobre esa primera
> llamada tan terrible. Cuál era su sorpresa cuando el cliente le dijo
> que él jamás había pensado que esa llamada era fatal. De hecho,
> aceptó inicialmente reunirse con Miguel porque en ese entonces
> tenía una gran frustración. Quería eliminar su dolor, y *Miguel*
> *llamó con una solución que satisfacía esa necesidad específica.*

¡Qué revelación! A los clientes posibles no necesariamente
les importa ni saben cuán perfecta es la presentación o la
llamada telefónica. En realidad, solamente les importan sus
propias necesidades y su situación. Esta revelación liberó
a Miguel de mucho de su temor al teléfono, y llegó a ser
una de las lecciones de ventas más importantes de su vida.
Identifique la necesidad, cumpla la necesidad, y ¡COBRE
los CHEQUES!

## Portero – ¿Amigo o Enemigo?

Llegue a conocer la persona que controla el acceso a quien toma las decisiones. A esta persona le llamamos el «portero». La relación que tiene usted con él es de igual importancia que su relación con la persona que toma las decisiones. Esfuércese por formar una relación excelente con esta persona. Recuerde que durante cualquier llamada telefónica, la persona más importante con quien habla es la persona que contesta el teléfono. A menudo, la impresión que recibe él de usted determinará si habla o no con alguien más.

Por lo general, esta persona no puede decir «sí» a su propuesta, pero siempre puede decir «no». Posiblemente no pronuncie la palabra «no», pero en sus comportamientos lo puede expresar. Quizás no le permita hablar con la persona que toma las decisiones. Es posible que continuamente aplace sus llamadas y le pida volver a llamar. Puede tener un aire de grosero y desdeñoso o dulce y amigable. Haga lo que haga, recuerde esto:

**Haga todo lo que pueda para que el portero sea su amigo.**

Usualmente, la gente que ocupa una posición de portero se siente obligada a proteger a la persona que toma las decisiones contra interrupciones innecesarias y profesionales de ventas latosos. En términos generales, tiene un incentivo para bloquear su acceso. Cuando le deja a uno pasar por la puerta, puede recibir consecuencias que varían de comentarios negativas por el que toma las decisiones, hasta la pérdida de su empleo. Es decir, si a usted le ayuda a comunicarse con quien toma las decisiones, le podrá causar alguna incomodidad.

Debe tener esto siempre en cuenta cuando trabaja con el portero. Es posible que espere recibir consecuencias más negativas que positivas si le ayuda, con excepción de dos situaciones especiales:

1. Usted realmente le cae bien, o

2. Usted ya tiene una conexión estrecha con la persona que toma las decisiones.

Como resultado, tiene sólo dos opciones cuando se trata de trabajar con el portero:

1. Esforzarse por conectar con ellos, o

2. Buscar un modo de conocer o comunicarse con quien toma las decisiones en que se elimina del proceso al portero.

Para los efectos nuestros, nos centraremos en el primer enfoque - conectar con el portero. El segundo enfoque, aunque es útil, queda fuera del alcance de este libro.

Para formar la conexión, recuerde estos conceptos claves sobre los porteros:

- También son gente. No quieren que les utilicen, manipulen, o persuadan a darle entrada a usted. Si siente que no le importan a usted, es probable que le bloquearán el acceso a quien toma las decisiones.

- Normalmente, trabajan en relación estrecha con la persona que toma las decisiones. Por lo general, entienden las metas, retos, y prioridades de la empresa. Tienen información que puede servirle a usted. Si se toma el tiempo de conectar con ellos y formar una confianza mutua, es posible que aprenda información valiosa.

- A menudo su relación con quien toma las decisiones es de un consejero confiado. Tráteles con el mismo respeto que mostraría a la persona que toma las decisiones.

- A menudo tienen algo de sabueso. Normalmente puede «oler un impostor a leguas». Cuando el portero pregunta el motivo de su llamada, responda con el mismo guión básico que utilizaría para la persona que toma las decisiones.

**Claves al Trato Exitoso del Portero:**

- Pida su nombre y úsela durante la conversación. Apúntalo en sus notas para uso futuro.

- Trátelos con respeto.

- Emplee su conocimiento del Modelo del Comportamiento Humano para ganarse un amigo.

- Utilice el guión que ha escrito para la persona que toma las decisiones.

- Haga algunas de las preguntas perspicaces que tiene planeadas hacer a la persona que toma las decisiones. Por lo general, los porteros marcan el pulso de la organización. Le pueden ayudar mucho a comprender las necesidades de la empresa. Si uno les cae bien, y le tienen confianza, hasta puede recibir lo que se podría considerar como información privilegiada.

**Armar los elementos – Un Breve Repaso**

Ya que ha creado el bosquejo de guión para seguir el método **CITA**, no le debe resultar difícil seguir el flujo de la llamada telefónica. Bien, hagamos un resumen breve del proceso.

**C** **CONECTAR** con la persona en el teléfono

- Utilice la charla de ascensor del bosquejo de su guión.

• Esfuércese rápidamente para formar una conexión en base a cómo contestan el teléfono y hacen preguntas.
- ¿Son más extrovertidos o reservados? Cuando contestan el teléfono, ponga atención al tono y ritmo de voz.
- Cambie su tono y ritmo para ser igual a ellos.

**INFORMARLE** del motivo de su llamada.

• Use su guión para guiarle. Adapte sus palabras según lo que sabe en ese momento acerca de ellos.

- ¿Son más extrovertidos? Hable más rápidamente y con más volumen.

- ¿Son más reservados? Hable más lentamente y con menos volumen.

- ¿Son más orientados hacia la gente? Utilice palabras de pensamiento.

- ¿Son más orientados hacia la gente? Utilice palabras de sentimiento.

(Recuerde nuestro consejo sobre este punto: Si no tiene ninguna indicación al contrario, tome por sentado que son orientados hacia la gente y utilice palabras de sentimiento para empezar.)

**TOMAR** nota de su respuesta

• Siga trabajando para formar una conexión. Esté atento para las pistas que le ayudarán a concertar la reunión.

• ¿Son orientados más hacia las tareas o más hacia la gente? Siga las probabilidades y empiece con un enfoque orientado hacia la gente, o los sentimientos. Debe modificar su enfoque según cómo le responden.

A **ARREGLAR** la reunión

- Aborde cualquier objeción que ofrecen y concierta la reunión, SI ES QUE se da cuenta de que califican para su oferta. En este momento, no presione mucho ni cambie a modo de presentación. Recuerde que el objetivo de la llamada es de establecer contacto y concertar una cita. En este punto de la relación, su objetivo no es de vender su producto o servicio.

- Utilice su conocimiento del **Modelo del Comportamiento Humano** para mejorar sus probabilidades.

- ¿Parece ser más del tipo **D**? Sea directo y céntrese en los resultados.

- ¿Es más como un tipo *I*? Utilice testimoniales e historias. Hágales saber que ellos le caen bien a usted.

- ¿Se parecen más al tipo **S**? Deles tiempo para procesar. No se apure. Concéntrese en ayudar, apoyar y reducir el estrés/conflicto.

- ¿Son más del tipo **C**? Conteste las preguntas que tienen. Cuando les hace una pregunta, deles tiempo para reflejar y responder. Concéntrese en la calidad, los datos, y la excelencia.

........................................................................................

# Una Historia de Éxito

........................................................................................

¿Realmente dan resultado los preparativos previo a la llamada, las sesiones de llamadas en grupo y el método **CITA**? ¡No cabe duda!

Joe nos comparte una historia para demostrar todos los elementos de éxito que hemos mencionado ya en las llamadas para citas.

Una empresa grande de materiales de limpieza me contrató para trabajar con sus profesionales de ventas. El gerente de ventas reportó los vendedores trabajaban tanto para atender a las cuentas existentes que pasaban mucho tiempo recorriendo sus territorios para recoger pedidos y no en la creación de negocios nuevos. Como decía, sus vendedores eran «aceptadores de pedidos y no creadores de pedidos». La empresa tenía más capacidad para servir a los clientes, pero se habían estancado debido al recelo que tenían los vendedores de comunicarse con posibles clientes nuevos. La empresa no había crecido en meses.

Primero trabajé con el equipo de ventas para establecer un entendimiento sólido del **Modelo del Comportamiento Humano**. Hablamos de los diferentes estilos de personalidad. Cada persona completó una evaluación de perfil de personalidad y hablamos de las fuerzas y puntos ciegos de cada persona. Antes de empezar las sesiones de llamadas, tenían un buen fundamento para el éxito.

Luego, expliqué de principio a fin el proceso de llamadas del sistema **Rompiendo los Límites**. Completamos todo el trabajo preparatorio. Entonces, programamos una sesión de llamadas en grupo. En esa sesión de llamadas, pedí a los vendedores traer una lista de llamadas de posibles clientes nuevos. No les permití llamar a clientes existentes para tratar de vender algo adicional. Quise que de este ejercicio crearan negocios nuevos.

Los vendedores acudieron a la primera sesión de llamadas con diferentes reacciones: aprensión, un poco de ira, temor, y un montón de otras emociones negativas. Simplemente no querían participar. He visto esta misma reacción muchas veces. De hecho, es lo normal. Como entrenador, yo debía establecer el ambiente propicio para cada persona al entrar ese día a la sala.

Realmente me ayudó, para ayudarles a ellos con las llamadas, conocer la mezcla de estilo de personalidad de cada vendedor. Tomando mi propio consejo, recibí a cada persona de diferente modo.

Dan (**D**-alto) entró a la sala. Le di la mano con firmeza y dime, «Yo sé que usted sabe lo que hace. Si necesita cualquier cosa, avíseme. Escoja su puesto y ayúdeme a mantener centrado a este grupo.» (Hablé en oraciones cortas. Le demostré que le respetaba y tenía confianza en su capacidad. También le pedí ayudarme a controlar el grupo.)

Cuando Susan (**S**-alto) entró a la sala, le tomé de ambas manos y le dije en voz suave, «Va a ser un día excelente. Susan, yo le voy a ayudar durante todo el día. ¿Dónde le gustaría sentarse?» Entonces la ayudé a ubicarse en un lugar seguro. (Susan estaba fuera de su zona de bienestar y se sentía insegura. La aseguré que la ayudaría y la di un lugar seguro donde sentarse. También la tomé de las manos. Si su relación es buena, a menudo el toque puede tranquilizar a una persona **S**-alto. Pero tenga cuidado: No debe tocar a un **C**-alto a menos que lo conoce muy bien.)

Cuando entró Charlie (**C**-alto) – con su lista mecanografiada, números de teléfono listos – dije, «Charlie, esa es una lista es impresionante; vámonos para que se organice en un lugar bueno y podemos empezar a tiempo.»

(Normalmente, a los tipos **C**-alto les gusta la organización y puntualidad.)

Luego, al último momento llegó Irene (**I** alto). La saludé con,

«Hola Irene. Hoy nos vamos a divertir. Ah, ¿está cargado su teléfono celular? (No lo estaba.) La puse en un lugar central donde podía ser el centro de la atención.» (El regañar a Irene por llegar al último momento la hubiera hecho pasar vergüenza ante los demás. NO hubiera aumentado su confianza. Fue algo positivo que Irene se acordara de traer su teléfono celular. Hubiera sido bueno que lo cargara de antemano, pero de nada ayudaría reprenderla. Simplemente la ayudé a encontrar su cargador y enchufar el teléfono. Para los del tipo I-alto, la «diversión» es importante. Por eso, quise que ella supiera que nos íbamos a divertir. La puse en el centro de la sala porque a los I-altos a menudo les gusta saber que recibirán atención de los demás.)

Una vez que todos estaban en su lugar, realizamos una breve reunión pre-llamadas. Les expliqué las metas y directrices. Cada asociado haría 50 llamadas. No nos levantaríamos la primera vez hasta que cada persona había hecho por lo menos 10 llamadas. Tomaríamos un descanso para el almuerzo. Luego dije, «Compañeros, les prometo que se alegrarán de haber hecho esto. Esto aumentará sus ingresos y hará crecer a su compañía. Lo pueden hacer, y estoy aquí para ayudarlos. Relájense y diviértanse. Empecemos.»

A medida progresaba la sesión de llamadas, yo iba dando vueltas y escuchando. Hice recomendaciones con frases como, «Eso estuvo excelente, quizás quiera tratar esto...» No corregí a nadie. También les ayudé a seguir centrados en las llamadas, al animarlos a mantenerse en el teléfono. Hasta no experimentar el éxito, la gente utilizará casi cualquier excusa para dejar de llamar. Yo quería que se quedaran sentados, marcando sus teléfonos.

Íbamos actualizando el cuadro de seguimiento para que la gente pudiera ver su progreso. Cuando la gente ve su progreso, realmente les ayuda a seguir motivados después de sufrir un rechazo.

La dinámica del grupo era excelente. Los unos podían ver a los otros concertar reuniones. Hasta empezaron a competir entre sí. Todos podían ver que los principios y técnicas les ayudaban a tener éxito.

Durante la primera sesión de llamadas con esta empresa, tuvimos los siguientes resultados:

- Dieciséis (16) vendedores presentes
- Se hicieron 400 llamadas telefónicas
- Se concertaron 74 reuniones

Les fue aun mejor en la segunda sesión de llamadas:

- Nueve (9) vendedores presentes
- Se hicieron 300 llamadas telefónicas
- Se concertaron 71 reuniones

Con el tiempo se realizaron todas las reuniones que se concertaron durante esas dos sesiones. No hubo ninguna cancelación ni ausencia inesperada. Alrededor del 80% de las reuniones resultaron en ventas nuevas.

Susan (nuestra vendedora S-alta) logró tanto éxito que recibió una promoción como resultado de sus resultados mejorados.

Con la aplicación del sistema **Rompiendo los Límites**, este equipo realmente llegó a ser creador de pedidos.

Antes de pasar a otra cosa, veamos otra vez la historia de Joe para resaltar ciertos puntos claves:

- El equipo de ventas aplicó los principios y técnicas de llamada que enseñamos y mejoró su índice de éxito dramáticamente.

- Joe aplicó los mismos principios que recomendamos para trabajar con los clientes en su trabajo con los vendedores.

Como resultado, le escucharon y estuvieron dispuestos a aceptar sus sugerencias – precisamente lo que uno quiere lograr con sus clientes.

- El equipo de ventas no logró un éxito del 100%. Sí lograron mayor éxito de lo que habían experimentado antes porque se quedaron activos y permitieron que el proceso funcionara. Al fin de cuentas, ¿qué valor asignaría la mayoría de las empresas a 145 reuniones con clientes nuevos?

- Cada vendedor trabajó con un guión y en un ambiente más apropiado para su estilo. Joe no les obligó a todos usar una estrategia global. Les enseñó algunos principios y técnicas básicos, les permitió personalizar lo que habían aprendido, y luego les ayudó a aplicar el conocimiento en el mundo real.

La experiencia que tuvo Joe con el equipo de venta de la historia anterior muestra la aplicación práctica de este sistema de ventas. Ya hemos tratado los conceptos de fundamento. Hemos descrito también cómo hacer las llamadas para obtener las reuniones. En el mundo de hoy impulsado por la tecnología, una pregunta lógica es, «¿Qué pasa si me contesta el correo de voz, en lugar de una persona?» Hablaremos de esto en el siguiente capítulo.

14

# Correo de Voz ...
# o no Correo de Voz
## (Esto también se aplica
## al correo electrónico)

# Correo de Voz …o no Correo de Voz
## (Esto también se aplica al correo electrónico)

En este libro, nuestra meta principal es de ayudarle a entender tanto los principios como las prácticas de la técnica efectiva de teléfono. Específicamente, lo que nos interesa es lo que uno hace ya cuando tiene a alguien en el teléfono. Reconocemos también que en el ambiente de hoy, acelerado y abrumado de información, es posible que tenga que trabajar con correo de voz y correo electrónico para finalmente hablar con una persona que toma las decisiones. Aunque el tema principal de nuestro libro no es técnicas de correo de voz ni de correo electrónico, pensamos que valdría compartir unas pocas ideas sobre el tema.

Por muchos años enseñamos que nunca, nunca, nunca se debe dejar un mensaje. Después encontramos que nosotros también a fuerzas lo hacíamos. En retrospectiva, nos damos cuenta de que nuestro recelo de dejar un mensaje resultaba de nuestra incapacidad de crear una manera efectiva de hacerlo. Se nos presentó el mismo reto en cuanto a comunicarnos con alguien por correo electrónico. Ya que tuvimos tan poco éxito con el correo de voz y electrónico, enseñamos a la gente a no hacer ninguno.

Después de mucho ensayo y error, obligados por la necesidad de hacer algo cuando no se podía hablar directamente con la persona que toma las decisiones, formamos ciertas ideas sobre cómo dejar mensajes que generalmente reciben una respuesta.

Ahora entendemos que la gente más lograda aprecia la persistencia. Usted quiere que sus clientes posibles le perciban como persistente, y no prepotente. Entonces, ahora decimos, sí, generalmente debe dejar un mensaje en el correo de voz. Su mensaje debe ser parecido a su charla de ascensor. Debe darle a su cliente posible una razón por devolverle la llamada.

**Unas pocas directrices generales sobre cómo dejar un mensaje:**

- Las personas responsables por las decisiones son personas ocupadas – ha de tener que dejar más de un mensaje.

- Es probable que mientras más grande la organización, más mensajes tenga que dejar.

- Sea breve – Póngase en la posición de un líder de empresa que acaba de llegar a su oficina y encuentra veinticinco nuevos mensajes en su correo de voz, treinta y cinco mensajes electrónicos y tres personas en su sala de espera. Probablemente dado este escenario, solamente tiene de 10 a 20 segundos para captar su atención.

- Evite adjuntar anexos a mensajes electrónicos a menos que el cliente lo pide expresamente. El correo electrónico no debe tomar más de 20 segundos leer.

- Si tiene una recomendación – úsela. En los comienzos del correo de voz, o en la línea de referencia del correo electrónico, use el nombre de la persona que le recomendó.

- Acuérdese de empezar con la necesidad de su cliente. Siguen unos ejemplos:

- Correo de Voz – «Habla _____de la empresa _____. Mientras revisaba el sitio Web de su

empresa, noté que posiblemente enfrente un problema de_____. Tengo unas ideas que ayudarán a _____. Hablemos. Creo que absolutamente le valdrá la pena. Mi teléfono es_____.
Le llamaré mañana a las_____para ver qué es lo más conveniente para ambos.» (Note el uso de la palabra «ideas» en este mensaje.)

- Correo electrónico – Tiene que captar su atención con la línea de referencia. Por ejemplo: «La rotación reducida en empleados de hospital resulta en ahorros de $500,000 por año.»

Para ilustrar este punto, consideremos una de las experiencias de Dawn:

Hace poco, quería comunicarme con un ejecutivo de una organización grande nacional. Inicié contacto por correo electrónico con la línea de referencia que sigue:

«Realicé una encuesta de algunos de sus clientes importantes.»

El texto del mensaje decía simplemente:

«Hablé con algunos de sus clientes importantes y he formado unas ideas que pueden mejorar su balance. Debemos hablar. ¿Qué día le resulta mejor, el martes o jueves de la semana que entra?»

Recibí una respuesta ese mismo día.

Si encuentra que esta cuestión le sigue presentando un reto, le recomendamos buscar recursos específicamente enfocados hacia técnicas de correo electrónico y de voz. Esperamos que estas ideas breves le encaminen bien. En resumen, deje mensajes y envíe correos electrónicos. Pero no se olvide de que sean cortos y relevantes.

15

# La Mentalidad del Éxito

# La Mentalidad del Éxito

*«Si tenía que seleccionar una cualidad, una característica personal que me parece tener la correlación más cercana al éxito, seleccionaría la característica de persistencia. Determinación. La voluntad de perdurar hasta el final, de que le tumben setenta veces y se levanta del piso diciendo, "Vamos al número setenta y uno".»*

*- Richard M. DeVos*

El éxito en las ventas empieza con su pensamiento, su mentalidad. No son sus acciones, no es su técnica, y no son sus palabras; son sus pensamientos, más bien, lo que le llevan al éxito. Si uno piensa como una persona lograda, con el tiempo desarrollará destrezas y técnicas de éxito. Estas destrezas y técnicas contribuirán a su éxito pero no crearán su éxito. Si trata de aprender las destrezas sin desarrollar la perspectiva adecuada, cualquier éxito que puede lograr será temporal.

Tomando eso en cuenta, compartiremos algunos atributos que contribuyen a lo que nos gusta llamar la «Mentalidad del Éxito». Hemos encontrado que estos atributos obran juntos para crear un éxito que perdura.

## Persistencia

Una encuesta de ejecutivos en jefe de empresas «Fortune 500» hizo esta pregunta: «¿Cuál es el modo más efectivo para lograr trabajar con ustedes?» La respuesta número 1: SER PERSISTENTE.

En la Introducción de este libro, mencionamos nuestra experiencia y los comentarios de un psicólogo con relación al temor al teléfono. Hemos dicho que la mayoría de la gente ha sentido por lo menos algún temor al teléfono en su uso como herramienta de contacto de ventas. Ya que ha llegado hasta este punto en el libro, sería razonable suponer que usted mismo ha experimentado ese temor.

Lo entendemos por completo. Ahí empezamos nosotros, pero luego superamos el temor. Superamos el temor con acción constante y persistente. Seguimos llamando cuando sentimos temor hasta ya no sentirlo. En el camino, aprendimos la manera de pensar, las destrezas, y los enfoques de este libro.

*«La continuación de los peligros engendra desprecio de ellos.»*

*- Marcus Aurelius*

De nuestra experiencia y la experiencia común de otra gente a quienes hemos ayudado a mejorar sus destrezas de ventas, hemos aprendido este punto clave:

**Siga en el juego por suficiente tiempo y logrará resultados. Continúe, y el temor desvanece.**

Es decir, sea persistente.

Joe dice de la persistencia:

> Hace años, tomé un curso sobre resucitación cardiopulmonar (RCP). Un participante en la clase hizo esta pregunta: «¿Por cuánto tiempo le seguimos haciendo RCP a una persona inconsciente?»

Esta pregunta tiene tres respuestas sencillas:

- Hasta que persona vuelve en sí,
- Hasta que lleguen los médicos, o
- Hasta que aparece el *rigor mortis*.

En pocas palabras, la regla de RCP dice que los vendedores deben seguir haciendo contacto hasta que su cliente posible cambia de teléfono y/o ruega que lo dejen en paz.

Considere estas estadísticas que descubrió Herbert True, un especialista de mercadotecnia en Notre Dame, sobre el valor de la persistencia en las ventas:*

- 60% de todas las ventas se producen después de 4 llamadas o más
- 44% de todos los vendedores se rinde después de la primera llamada
- 24% se rinde después de la segunda llamada
- 14% se rinde después de la tercera llamada
- 12% deja de tratar de vender a su cliente posible después de la cuarta llamada
- ¡Qué asombro! Solamente el 6% de todos los vendedores harán contacto con un cliente posible 5 veces o más.

Ya que por ahí del 60% de todas las ventas se producen después de la cuarta llamada, el 82% de los vendedores están cazando el 40% de todas las ventas. Esto deja el 60% de todas las ventas para el 18% más alto de vendedores.

He visto que los mejores vendedores entienden la regla de RCP y la aplican a su estrategia de ventas.

*Cita de "Los Principios del Éxito" por Jack Canfield

En base a su experiencia el Dr. Rohm ofrece una advertencia con respecto a la persistencia:

Durante los años, he notado que hay tres maneras en que trata la mayoría de la gente a sus clientes comerciales. Algunas son eficaces y algunas no. Elija usted la que le parece ser mejor.

## 1. Irritar

Llamar a sus clientes constantemente y enviarles correos electrónicos cada semana o hasta cada día. Inundar su buzón de correo con folletos, anuncios y cartas que ofrecen su producto o servicio. Hacerse una molestia de primera con la máxima frecuencia posible. Llamar e interrumpirlos durante el día.

Yo sé que está pensando que nadie haría negocios de esa forma. Sin embargo, increíblemente, encuentro que hay muchas empresas y personas que sí lo hacen. Parecen pensar que si «asedian» a sus clientes con las últimas técnicas de mercadotecnia o toda su información más nueva, les comprarán más.

## 2. Hacer caso omiso

Jamás llamar a sus clientes o ponerse en contacto con ellos. No tomarse el tiempo de comunicarse con ellos con ninguna regularidad. Si ellos quieren tratar con usted, saben cómo encontrarlo. ¡Siempre hay que dejar que les toque a ellos actuar!

Esto también es un enfoque curioso, pero he conocido a muchas personas que lo usan y luego se quejan de que nunca venden nada. Cuando les pregunto sobre la última vez que se comunicaron con sus clientes, dicen, «Bueno, esperaba a que ellos se comunicaran conmigo. Me parece que si quieren mis servicios, me llamarán.»

### 3.  En contacto

¿Se acuerda del cuento de *Ricitos de Oro y los Tres Osos?* La leche que le gustaba a Ricitos de Oro no era ni muy caliente ni muy fría, sino más bien a gusto. He encontrado que este es el enfoque que es «a gusto». De hecho, esta es la que usamos en Personality Insights. Queremos mostrar persistencia, y queremos evitar la irritación.

Tratamos de comunicarnos con nuestros clientes cada mes a tres meses. Les enviamos un correo electrónico o les damos una llamada sólo para dejarlos saber que los estamos pensando. También les contamos del último programa, seminario o producto que hemos desarrollado. Tratamos de que el contacto sea breve, preciso y al grano. Nuestro objetivo es que los clientes sepan que no nos hemos olvidado de ellos y que nos encantaría tratar con ellos cuando llega el momento propicio.

Con este enfoque, tenemos más negocio de lo que realmente podemos abordar. Todo vuelve a este método de mantenernos en contacto con nuestros clientes. Es posible que lo llame «buen atención al cliente» y hasta cierto punto sería cierto. Pero, es más que eso. Es dejar al cliente saber que lo estamos pensando aún si no necesita nuestros servicios en ese momento. Es sembrar una semilla que he visto producir mucho fruto.

Sin embargo, permítame ofrecer una advertencia. El contacto debe ser genuino. Muchas veces es posible que nuestro cliente no se interese en hacer negocio con nosotros en el momento de la llamada. Después de sembrar la semilla, a veces en unos pocos días llaman para concertar un seminario o programa de entrenamiento. Al mantenernos en contacto, nos hemos hecho disponibles. Es una herramienta poderosa que la gente respeta y a la que responde colaboración en equipo y cooperación.

***Sea persistente.***

## Paciencia

La gente que tiene la Mentalidad del Éxito también tiene paciencia. No nos referimos a la autocomplacencia o una disposición de conformarse con el statu quo. Sí queremos decir que entienden que toma tiempo crear el éxito verdadero y duradero.

Las personas que tienen la Mentalidad del Éxito saben que su persistencia producirá resultados. Por eso, a ni un sólo cliente lo tratan de empujar. Confían en que, con el tiempo, si siguen presente, la ley de promedios les dará resultados. Pueden alejarse de un cliente posible cuando se dan cuenta de que realmente no tienen lo que este cliente busca. Jamás deben forzar una venta.

Como resultado de su paciencia, no sacrifican el éxito a largo plazo para una ganancia momentánea. Actúan con integridad y honor hacia todos los clientes actuales y posibles para así mantener una relación duradera con muchos clientes.

*Sea paciente.*

## Proceso

Ya que la gente que tiene la Mentalidad del Éxito reconoce que las ventas siguen un proceso, hace uso del proceso y no del cliente. Este concepto va cogido de la mano de la idea de paciencia como parte de la Mentalidad del Éxito.

Los vendedores que tienen esta perspectiva saben que ellos controlan el número de clientes posibles y que sus clientes controlan el ritmo del proceso.

Dejan de tratar de empujar. Más bien, buscan modos de permanecer en el proceso con sus clientes. No los hacen caso omiso, ni tampoco los irritan. Inician el contacto, ponen en marcha el proceso, y luego entregan el control a sus clientes.

*Haga uso del proceso y no del cliente.*

## Producción

Los vendedores que tienen la Mentalidad del Éxito ejercen paciencia y confían en el proceso. La paciencia y confianza en el proceso no significa que deben sentarse y esperarle a nadie. Invierten sus esfuerzos donde pueden sacar el mayor provecho. Hacen muchos contactos nuevos. Trabajan para conocer y formar relaciones con mucha gente nueva. Cuando crean más contactos, crean más oportunidades posibles. Cuando crean más oportunidades posibles, se ponen a sí mismos en una posición donde usan el proceso, en lugar del cliente. (La meta de esta actividad les ayuda a tener paciencia con cada cliente individual.)

A la vez, siguen al tanto de sus resultados. Dan seguimiento a sus resultados para así saber qué les funciona y qué no. Se mantienen centrados claramente en la entrega de negocios nuevos y preservan las relaciones buenas con los clientes existentes, para así gozar una producción alta.

*Producir resultados.*

## Colaboración

Se acuerda de nuestra definición de las ventas? Dijimos que el vender es hallar la manera de ayudar a los clientes a resolver un problema o cumplir una necesidad no satisfecha.

A fin de realmente aplicar este concepto, encontramos que la capacidad y disposición de colaborar con otras personas es una gran parte de la Mentalidad del Éxito. No hay una sola persona que lo puede hacer todo bien. Los grupos pueden triunfar donde los individuos fracasan.

Hemos encontrado que muy poca gente logra un éxito duradero por su propia cuenta. Casi cada persona que tiene éxito por su propia cuenta también pertenece a un equipo de apoyo. Por ejemplo:

- Tiger Woods y sus entrenadores
- Bud Abbot y Lou Costello
- Bing Crosby y Bob Hope
- Stan Laurel y Oliver Hardy
- Bill Gates y Paul Allen (Microsoft Corporation)
- Capitán Meriwether Lewis y William Clark
- Sir Edmund Hillary y Tenzing Norgay (primeros en escalar el Monte Everest)
- David Abercrombie y Ezra Fitch (Abercrombie & Fitch Clothiers)
- James Smith McDonnell y Donald Wills Douglas (McDonnell-Douglas Aircraft)
- William Proctor y James Gamble (Procter & Gamble)
- Richard Warren Sears y Alvah Curtis Roebuck (Sears Roebuck Company)
- Ben Cohen y Jerry Greenfield (Ben & Jerry's Ice Cream)

- Duncan Black y Alonzo Decker (Black & Decker Tools)
- Mark Victor Hansen y Jack Canfield (la serie de libros Sopa de Pollo para el Alma)
- John, Paul, George, y Ringo (Los Beatles)
- Barry Gordy y Smokey Robinson (The Motown Sound)

Tanto creemos en este concepto que notará que hasta el sistema **Rompiendo los Límites** tiene un equipo de colaboradores. Todo lo que hemos hecho, cualquiera de nosotros, que se podría calificar como de éxito ha sido un éxito debido a alguna conexión con otras personas.

Cierto es, cada vendedor logrado debe valer por sí mismo. Debe hacer sus propias llamadas telefónicas. Debe hacer sus propias presentaciones. Debe dar seguimiento a sus propios resultados. Pero no alcanzará el éxito si no puede relacionarse bien con su personal de oficina o producción, o con su gerente, etc. El verdadero éxito llegará a la gente que entiende y aplica el poder de colaborar con otras personas.

*Busque colaboradores confiables y establezca afiliaciones fuertes.*

## Prepárese para Rendir

Por último, la Mentalidad del Éxito incorpora un elemento de rendimiento. La gente con una Mentalidad del Éxito quiere rendir, está dispuesta a rendir, y puede rendir. Sabe también que la preparación rigurosa precede cada buen rendimiento.

Al igual que un músico o atleta, entiende el valor del estudio y práctica cuando no está actuando para que pueda rendir cuando sea necesario. Se nota esto en su perspectiva porque es disciplinada para leer, estudiar, practicar, y preparar. No trata de improvisar. Al observador externo su actuación puede parecer espontánea. Quienes tienen la Mentalidad del Éxito reconocen que lo que parece ser espontáneo en el momento original, en realidad sale de un esfuerzo por prepararse de antemano para el momento en que la frase o comentario idóneos hacen la diferencia entre lograr la venta y perderla a otra persona.

Como se ha dicho, los campeones nacen del camino y no de la arena.

### Prepárese para actuar.

Así que, ahí lo tienen, la perspectiva, los principios y las prácticas para usar con éxito el teléfono como herramienta. Esperamos que lo que hemos compartido en este libro le servirá de fundamento en su éxito. Sin embargo, recuerde que este libro debe representar una parte, y no la totalidad, de su desarrollo como profesional de ventas. Continúe aprendiendo, creciendo y practicando. Asista a talleres y seminarios. Lea otros libros. Hable con mentores. Haga todo lo que pueda para convertirse en un profesional de ventas logrado.

Ya que sabe lo que debe hacer, simplemente lo debe hacer. Use lo que ha aprendido para concertar más reuniones. En **Rompiendo los Límites - Vender en Persona,** tratamos lo que debe hacer para mejorar sus posibilidades de éxito ya estando en una reunión, pero no espere hasta leer ese libro para ponerse en el teléfono. Póngase en una posición donde puede ganar. El saber qué hacer y no hacerlo no es mejor que no saber qué hacer. Nos será un placer escuchar sobre su éxito a medida se deshace de las barreras a su éxito y empieza a...

**... *Rompiendo los Límites - Éxito en Ventas Telefónicas.***

*«¡Nunca más vuelvo a caer!»*

*- Rocky Balboa de la película «Rocky»*

# Anexo 1 El Método CITA

Concierte más reuniones con el método **CITA:**

**CONECTAR** con la persona en el teléfono

La gente se reunirá con usted SI ES QUE les cae bien o creen que usted los puede ayudar a resolver un problema. Empiece la llamada con una conexión con su cliente. Aprenda las destrezas que le ayudan a lograr una conexión rápida.

**INFORMARLE** del motivo de su llamada.

Cada persona a quien llama quiere saber la respuesta a la pregunta, «¿Por qué me ha llamado?» Tenga lista una buena respuesta a esta pregunta y provéala antes de que le pregunten.

**TOMAR NOTA** de su respuesta

Aprenda a identificar información clave sobre su cliente simplemente de la forma en que responden a su introducción en el teléfono.

**ARREGLAR** la reunión

Utilice lo que aprendió de escuchar a su cliente para expresar su oferta de una forma que les muestra el valor de reunirse con usted. Entonces, haga arreglos para la reunión.

# Anexo 2 El Modelo del Comportamiento Humano

Hace más de dos mil cuatrocientos años, los astutos observadores de la naturaleza humana empezaron a notar patrones pronosticables de comportamiento. Estas observaciones llevaron con el tiempo a la creación del **Modelo de Comportamiento Humano DISC** para describir estos patrones. Un entendimiento de estos patrones del comportamiento humano le ayudará a mejorar su entendimiento de si mismo así como de los demás. Los cuadros de esta sección ilustran el modelo y le sirven de referencia inmediata mientras lee este libro.

EXTROVERTIDO

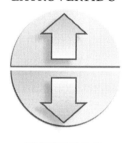

RESERVADO

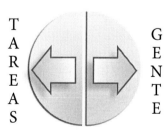

Cada persona tiene un motor interno lo que hace que ciertas personas sean más **EXTROVERTIDAS**. O, es de ritmo más lento, que hace que otras personas sean **RESERVADAS**. La ilustración a la derecha refleja esta diferencia en forma gráfica. El sombreado de las flechas de menos oscuro a más oscuro indica intensidades variables de estos motores. Cerca de la línea media refleja menos intensidad en la actividad del motor, y por eso un sombreado leve. Hacia el borde exterior refleja más **RESERVADO** intensidad en la actividad del motor y por eso un sombreado más oscuro. Usted puede ser sumamente EXTROVERTIDO o sumamente **RESERVADO**. O, usted puede ser sólo moderadamente **EXTROVERTIDO** o moderadamente **RESERVADO**.

Así como cada persona tiene un motor que los impulsa, cada uno también tiene una brújula interna que los atrae ya sea hacia las Tareas o Personas. Algunas personas son más **ORIENTADAS HACIA LAS TAREAS** - atraídas hacia las tareas. Otras personas son más **ORIENTADAS HACIA LAS PERSONAS** -atraídas hacia la gente. La ilustración a la izquierda muestra esta diferencia gráficamente. El sombreado de las flechas de menos a más oscuro indica las intensidades variables de este motor brújula. Cerca de la línea media hay menos intensidad en el motor brújula, y por eso un sombreado leve. Hacia el borde exterior hay más intensidad en la actividad del motor brújula, y por eso un sombreado más oscuro. Usted puede ser sumamente **ORIENTADO HACIA LAS TAREAS** o sumamente **ORIENTADO HACIA LA GENTE**. O, puede ser sólo moderadamente **ORIENTADO HACIA LAS TAREAS** o moderadamente **ORIENTADO HACIA LA GENTE**.

Cuando combina los dibujos de Actividad de Motor y Brújula, puede ver el **Modelo del Comportamiento Humano** ilustrado en la página que sigue.

En el diagrama de la siguiente página, note que cada tipo DISC tiene un grupo de palabras descriptivas relativas a las características de comportamiento de ese estilo de personalidad. Estas palabras descriptivas reflejan características o tendencias que describen a cada tipo. El característica característico principal para cada tipo sirve como la palabra representativa de ese tipo: Dominante, Inspirador, Servicial, y Cauteloso.

Note que las personas que son:

Extrovertidos y Orientados Hacia las Tareas son ...

**DOMINANTES**

Extrovertidos y Orientados Hacia la Gente ...

**INSPIRADORES**

Reservados y Orientados hacia la Gente ...

**SERVICIALES**

Reservados y Orientados hacia las Tareas son ...

**CAUTELOSOS**

Algunos atajos que puede usar cuando habla de los diferentes tipos de persona son:

al tipo **DOMINANTE** se le conoce también como **D**-alto

al tipo **INSPIRADOR** se le conoce también como **I**-alto.

al tipo **SERVICIAL** se le conoce también como **S**-alto

al tipo **CAUTELOSO** se le conoce también como **C**-alto

Este modelo, con su descripción de cuatro estilos principales o básicos de personalidad, le puede ayudar a entender a la gente. Sin embargo, cada persona individual exhibirá algo de cada uno de los cuatro estilos de personalidad. A esta mezcla de estilos dentro de cada persona se le llama una mezcla de estilos. La mezcla de estilo de cada persona tendrá más de ciertos características y menos de otros. En una mezcla de estilos, el tipo más fuerte se conoce como el Estilo Alto. Los tipos que son menos prevalentes en una mezcla de estilos se conocen como Estilos Bajos.

|  |  |
|---|---|
| **Extrovertido –** **Orientado hacia las Tareas** | **Extrovertido –** **Orientado hacia la Gente** |

Dominante

Directo

Exigente

Decisivo

Determinado

Dinámico

Porcentaje de
la población:
10-15%

Inspirador

Influenciador

Impresionable

Interesado en la gente

Interactivo

Impresionante

Porcentaje de
la población:
25–30%

**D I C S**

Porcentaje de
la población:
20–25%

Porcentaje de
la población:
30–35%

Cauteloso

Calculador

Competente

Concienzudo

Contemplativo

Cuidadoso

Servicial

Serio

Estable

Simpático

Statu Quo

Sosegado

|  |  |
|---|---|
| **Reservado –** **Orientado hacia las Tareas** | **Reservado –** **Orientado hacia la Gente** |

# Mezclas de estilo de personalidad

Solamente un porcentaje muy bajo de personas tiene una mezcla de estilos de personalidad que consiste de un sólo tipo DISC alto. La mayoría de la gente (como el 80%) tiene dos tipos DISC altos y dos tipos DISC bajos en su estilo de personalidad. Esto significa que aunque un tipo DISC puede ser el más alto de su mezcla de estilos, es probable que tenga un tipo DISC secundario que también es alto. Este tipo secundario apoya e influencia el tipo predominante de su mezcla de estilos. Por ejemplo:

Una persona cuyo tipo más alto es **I** y tiene un tipo alto secundario **S**, sería una mezcla de estilos **I/S**.

Una persona cuyo tipo más alto es **I** y con un segundo tipo alto **D**, sería una mezcla de estilos **I/D**.

Aunque ambas de las personas en el ejemplo anterior son tipos I alto, la diferencia en sus características secundarias los hará personas muy distintas.

Es menos común, pero no tan inusual tener un tercer tipo alto en una mezcla de estilos (por ejemplo, **I/SC** o **I/SD**). Un 15% de la gente, aproximadamente, tiene en su mezcla de estilos tres tipos **DISC** altos y un tipo **DISC bajo**.

Esta mezcla de estilos de personalidad en cada persona ayuda a explicar la gran variabilidad entre las personas, aún cuando este modelo solamente describe cuatro tipos principales.

Cuando miró las palabras descriptivas de estilo para cada tipo, es posible que se haya identificado con varias o quizás todas las palabras de los tipos DISC. Probablemente, los estilos donde la mayoría de las palabras le describen son sus Estilos Altos. Los estilos donde solamente una o dos palabras le describen son, probablemente, sus Estilos Bajos. Eso está bien. Es simplemente un reflejo de su mezcla única de estilos.

## Combinaciones de personalidad

Cuando dos personas se relacionan, sus mezclas de estilo se unen para formar una combinación. Esta combinación es única a cada interacción de la gente. Cuando una tercera persona se une a la mezcla, forma otra combinación distinta. El verdadero poder en el entendimiento de información sobre la personalidad está en desarrollar la capacidad de reconocer estas diferentes combinaciones y adaptarse a cada situación nueva.

## Aplicar lo que ha aprendido

Si nos podemos entender y adaptar mejor uno al otro, podemos disfrutar más del otro y a la vez mejorar nuestra productividad. El libro del Dr. Rohm, Descubra su verdadera personalidad, explica muchos de los factores que obran por y contra la armonía en todo tipo de relación. En el sistema de **Rompiendo los Límites**, exploramos específicamente la manera en que la combinación de su estilo, junto con los estilos de sus clientes, afectan el proceso de las ventas. También ofrecemos ideas sobre cómo hacer más convincentes sus presentaciones, en base a los estilos de sus clientes.

La noticia fantástica es que ¡uno puede aprender a relacionarse mejor con casi cualquier persona! Su capacidad para entender y aplicar información sobre las personalidades, para formar relaciones más estrechas, se conoce como su Cociente de Personalidad (**CP**). Los peritos de aprendizaje dicen que la gente puede hacer poco para cambiar su cociente de Inteligencia (**CI**). Dicen que uno nace con el **CI** básicamente fijo. Sin embargo, a diferencia de su **CI**, uno sí puede desarrollar su **CP**. Eso lo permite gozar de mayor éxito con cualquier persona con quien se encuentra, cualquiera sea su estilo.

El sistema de **Rompiendo los Límites** le ayudará a avanzar por los cuatro pasos para elevar su **CP** para que pueda lograr mayor éxito como profesional de ventas.

Comparamos el proceso para  elevar su **CP** al proceso de tomar a viaje. En un viaje tiene cuatro cosas:

1. Un mapa

2. Un punto de inicio

3. Un destino, y

4. Una ruta.

Cuando trabaja con otra gente, tiene cuatro pasos similares:

**Aprenda el PATRÓN** – el Modelo de Comportamiento Humano DISC es su «mapa» para este viaje de trabajo con otras personas. Úselo para describir sus observaciones acerca de la gente y sus comportamientos.

**Haga que sea algo PERSONAL** – identifique su «punto inicial», aplicando el patrón para describir su perspectiva PERSONAL.

**Aplique el «mapa» a otras PERSONAS** – Especifique su «destino», usando el patrón para entender a otras PERSONAS.

**Use sus observaciones en una APLICACIÓN PRÁCTICA** – Planee la «ruta» que utilizará. Para emplear el patrón de mayor éxito, planee y adapte su enfoque a cada cliente y cada situación.

Entonces, uno tiene cuatro pasos para elevar su **CP**:

**Aprender el patrón**

**Hacerlo algo personal**

**Aplicarlo a otras personas**

**Usarlo en aplicaciones prácticas**

Con el sistema de **Rompiendo los Límites**, uno aplica el Modelo del Comportamiento Humano a las ventas. También puede aplicar el Modelo a una gama amplia de otras aplicaciones:

- Liderazgo
- Comunicación
- Formación de equipos
- Cría de los hijos
- Control del Tiempo

Lectura recomendada adicional sobre el Modelo del Comportamiento Humano (por Dr. Robert A. Rohm):

- *Descubra su Verdadera Personalidad*
- *Presentar con Estilo*